DIE ORIGAMI-SCHATZTRUHE

INHALT

| Auflage: | 7. | 6. | 5. | 4. | 3. | Letzte Zahlen | Deutsche Ausgabe © 1992 | Printed in Japan |
| Jahr: | 2001 | 2000 | 1999 | 98 | 97 | maßgebend | | |

frechverlag GmbH + Co. Druck KG, 70499 Stuttgart

ISBN 3-7724-1551-2 · Best.-Nr. 1551   Druck: frechverlag GmbH + Co. Druck KG, 70499 Stuttgart

1
TIERE

DIE VERWENDUNG VON ZWEI BLATT PAPIER

HUND

Den Kopf und den Körper separat falten und dann verbinden. Einfach, leicht – und liebenswert!

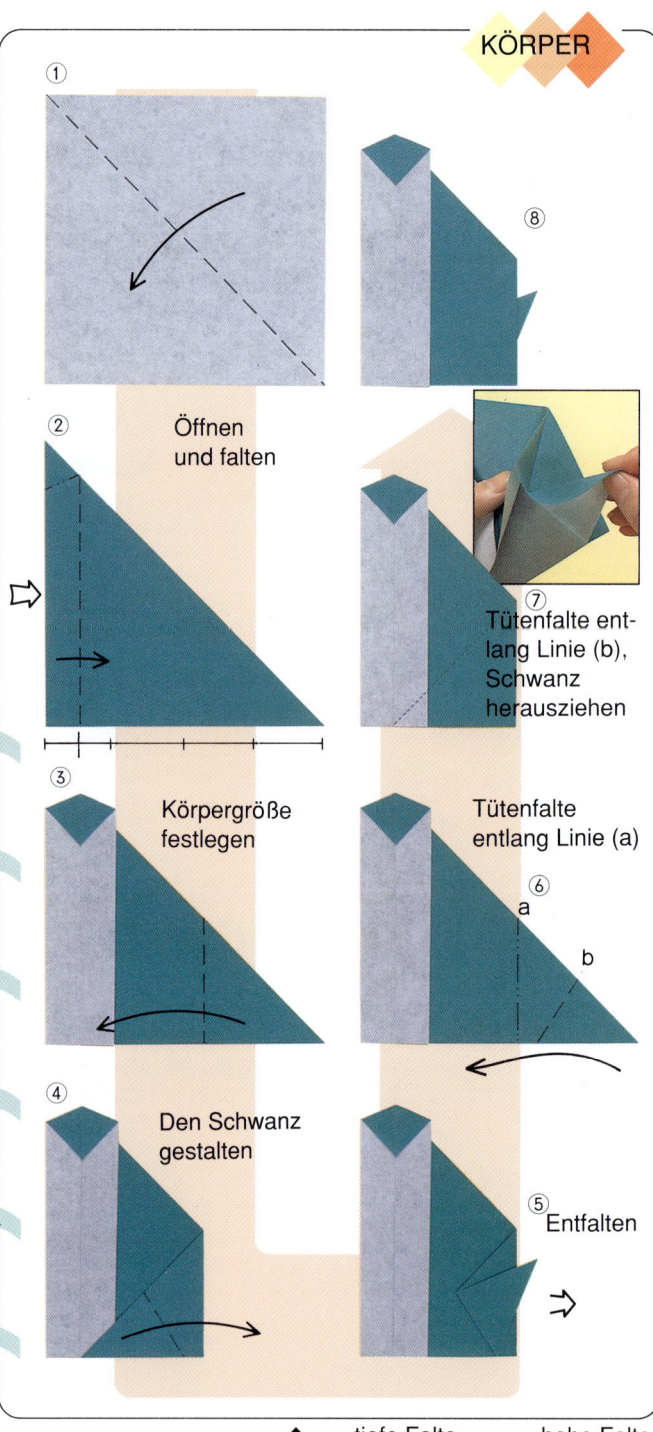

KÖRPER

①

⑧

② Öffnen und falten

⑦ Tütenfalte entlang Linie (b), Schwanz herausziehen

③ Körpergröße festlegen

Tütenfalte entlang Linie (a)

⑥
a
b

④ Den Schwanz gestalten

⑤ Entfalten

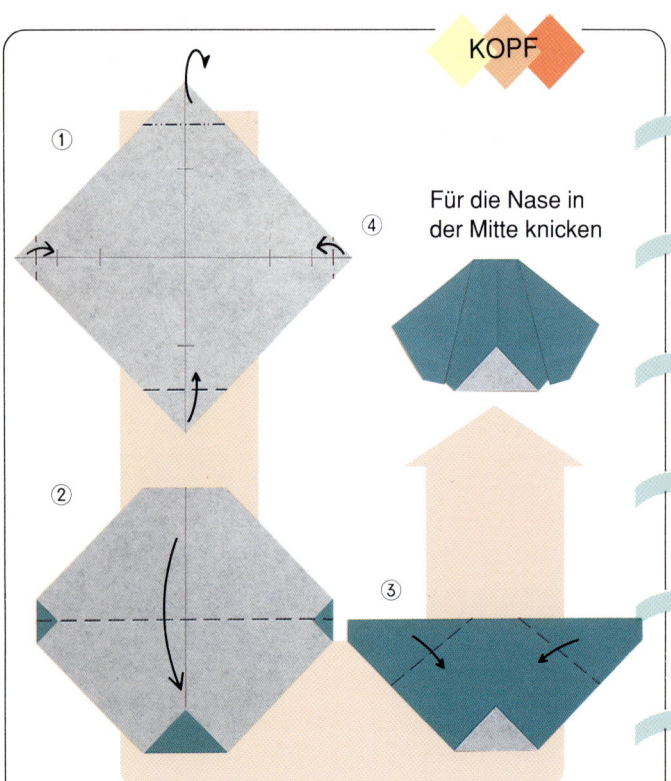

KOPF

①

④ Für die Nase in der Mitte knicken

②

③

◆ - - - tiefe Falte — - · — hohe Falte

4

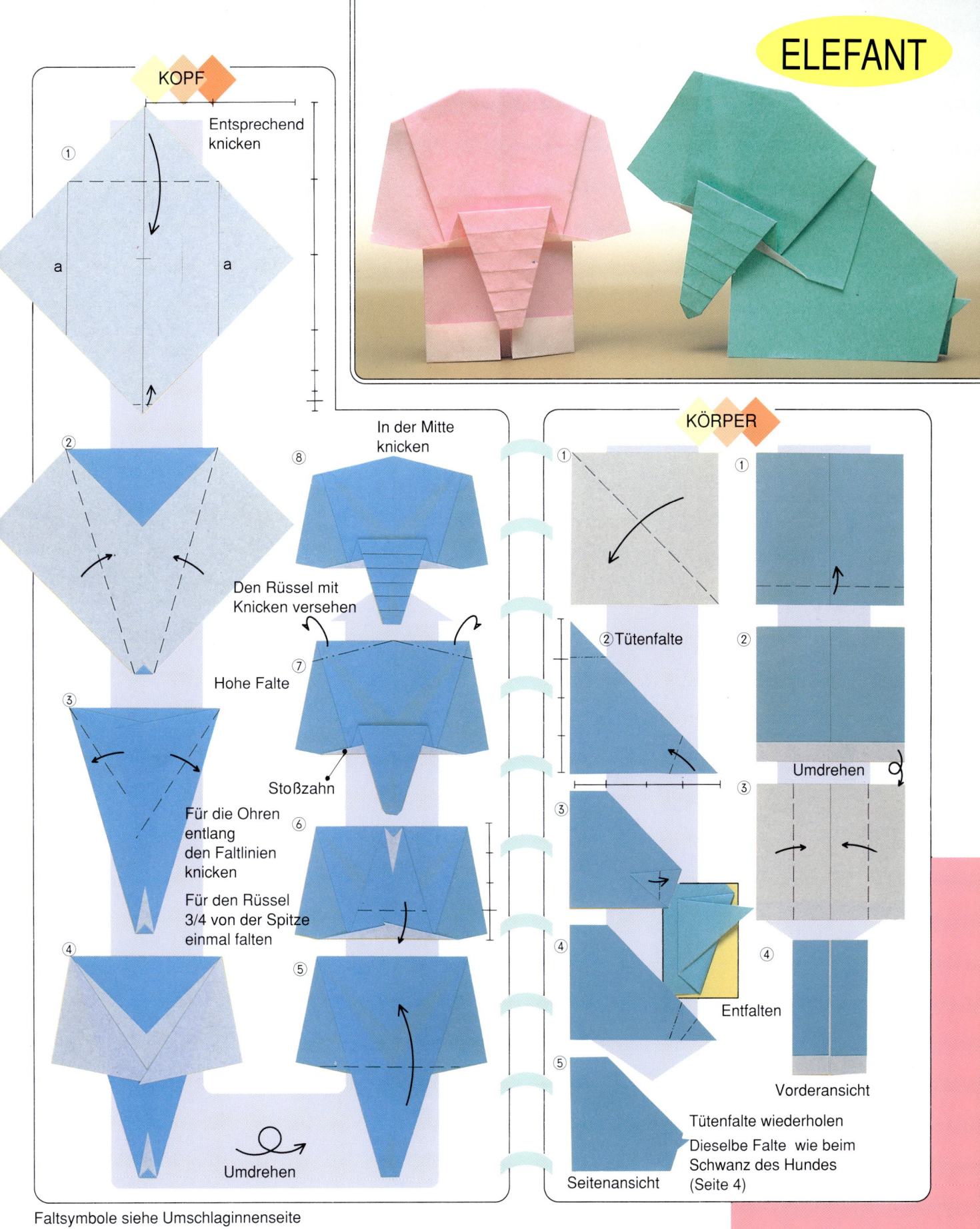

ELEFANT

KOPF

① Entsprechend knicken

a ... a

② In der Mitte knicken

⑧

Den Rüssel mit Knicken versehen

⑦ Hohe Falte

Stoßzahn

③ Für die Ohren entlang den Faltlinien knicken

Für den Rüssel 3/4 von der Spitze einmal falten

⑥

④

⑤

Umdrehen

KÖRPER

①

② Tütenfalte

③

④ Entfalten

⑤ Seitenansicht

Tütenfalte wiederholen

Dieselbe Falte wie beim Schwanz des Hundes (Seite 4)

①

② Umdrehen

③

④ Vorderansicht

KATZE

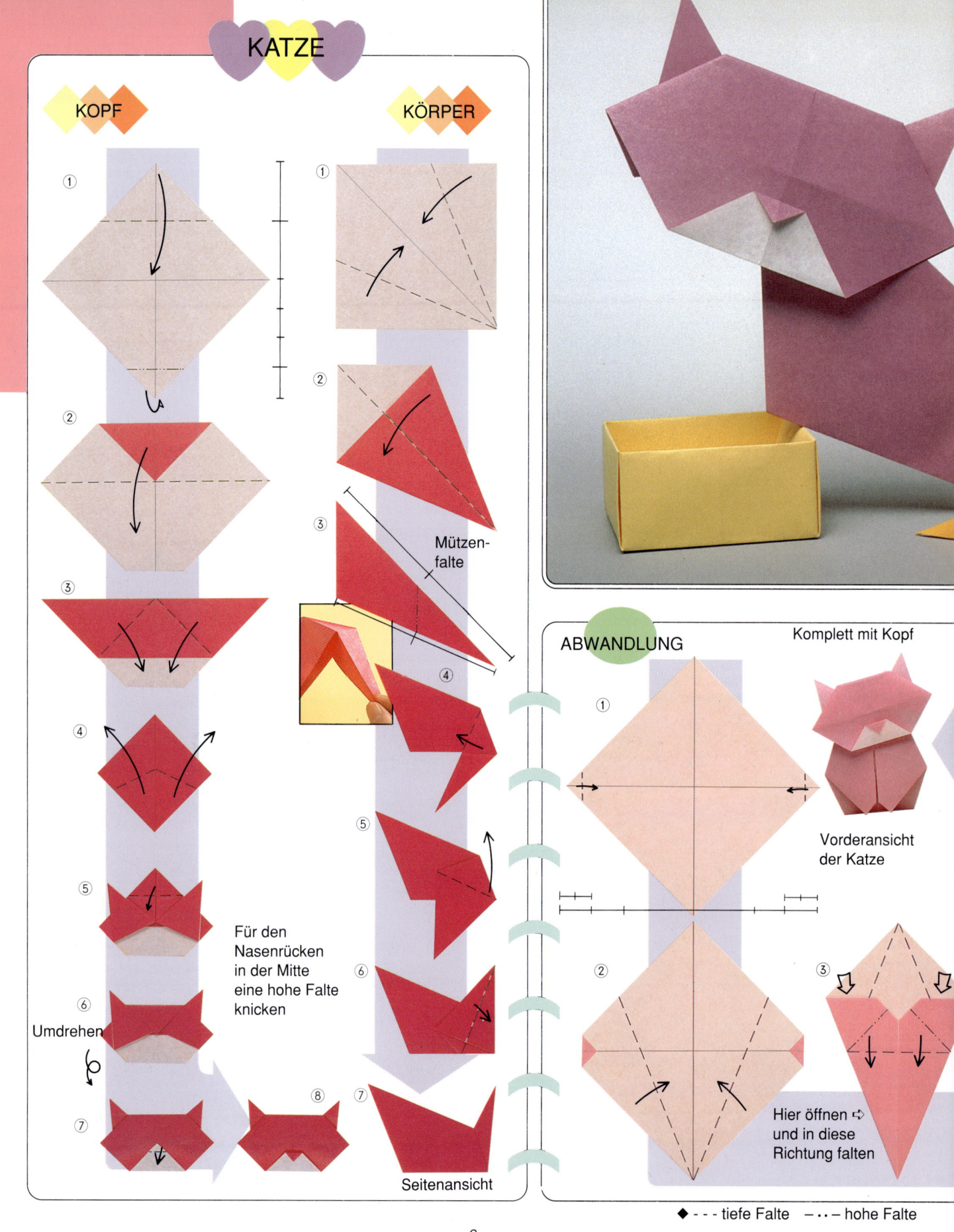

KOPF

① ② ③ ④ ⑤

⑥ Umdrehen

⑦

Für den Nasenrücken in der Mitte eine hohe Falte knicken

KÖRPER

① ② ③ Mützenfalte

④ ⑤ ⑥ ⑦ ⑧

Seitenansicht

ABWANDLUNG   Komplett mit Kopf

Vorderansicht der Katze

① ② ③

Hier öffnen ⇨ und in diese Richtung falten

◆ - - - tiefe Falte   – · · – hohe Falte

KATZE & MAUS

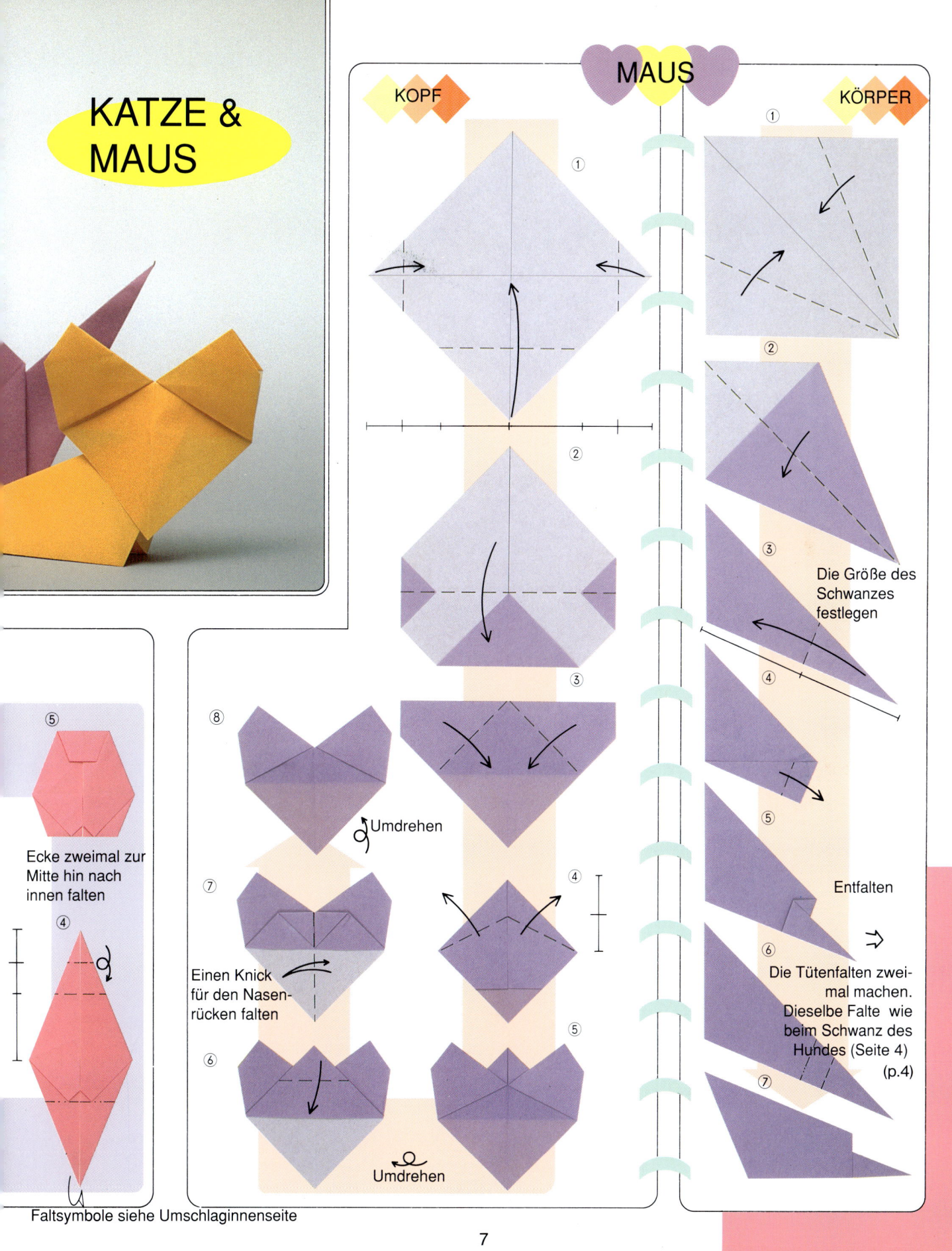

KOPF

① ② ③

④ ⑤ ⑥ ⑦ ⑧

Umdrehen

Einen Knick für den Nasenrücken falten

Umdrehen

KÖRPER

① ② ③ ④ ⑤ ⑥ ⑦

Die Größe des Schwanzes festlegen

Entfalten

Die Tütenfalten zweimal machen. Dieselbe Falte wie beim Schwanz des Hundes (Seite 4) (p.4)

⑤ ④

Ecke zweimal zur Mitte hin nach innen falten

Faltsymbole siehe Umschlaginnenseite

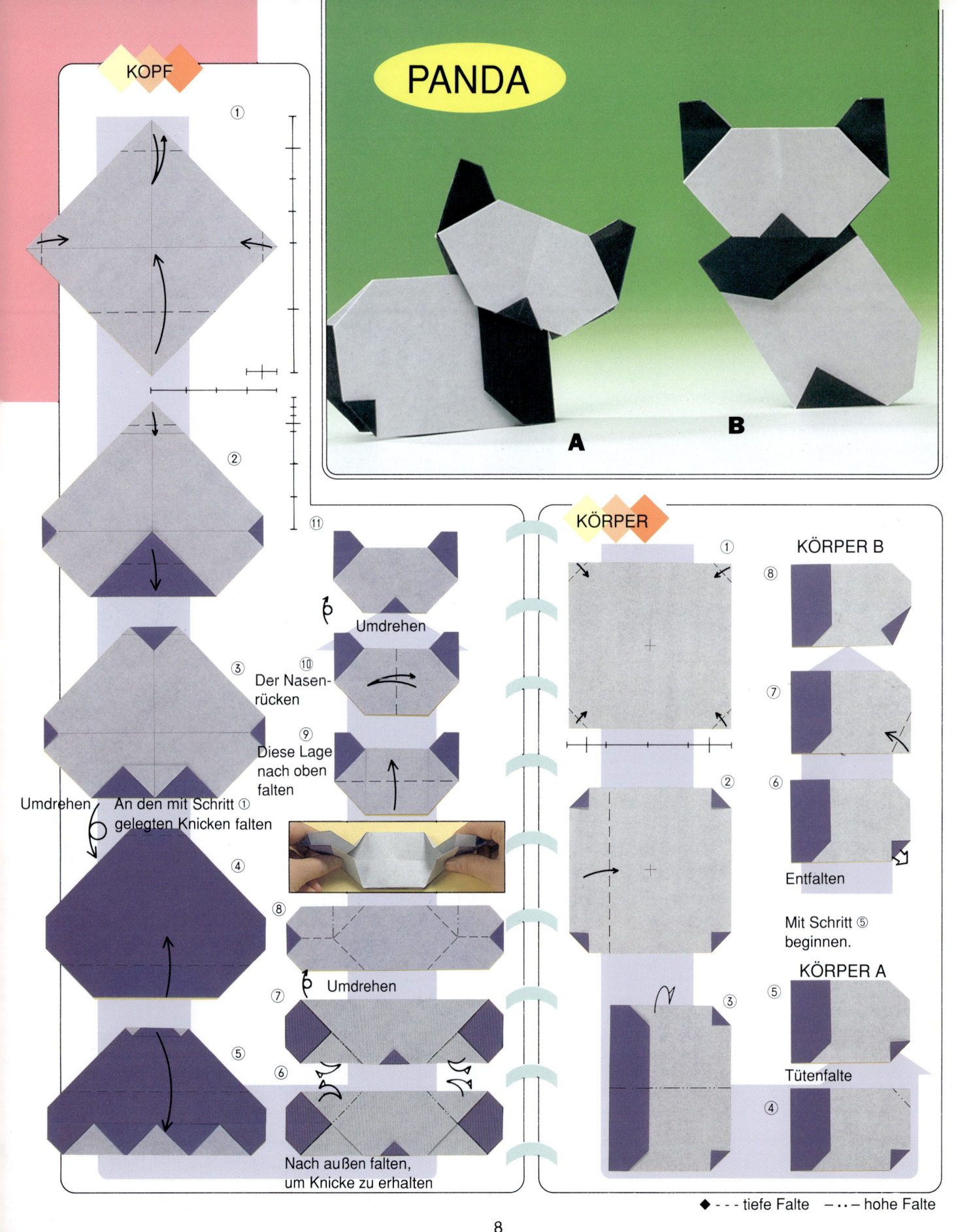

PANDA

KOPF

① ② ③ ④ ⑤

Umdrehen

An den mit Schritt ① gelegten Knicken falten

KÖRPER

KÖRPER B

⑧ ⑦ ⑥

Entfalten

Mit Schritt ⑤ beginnen.

KÖRPER A

⑤

Tütenfalte

④

③

① ②

⑪

Umdrehen

⑩ Der Nasen-rücken

⑨ Diese Lage nach oben falten

⑧

⑦ Umdrehen

⑥

Nach außen falten, um Knicke zu erhalten

A   B

◆ - - - tiefe Falte   — -·— hohe Falte

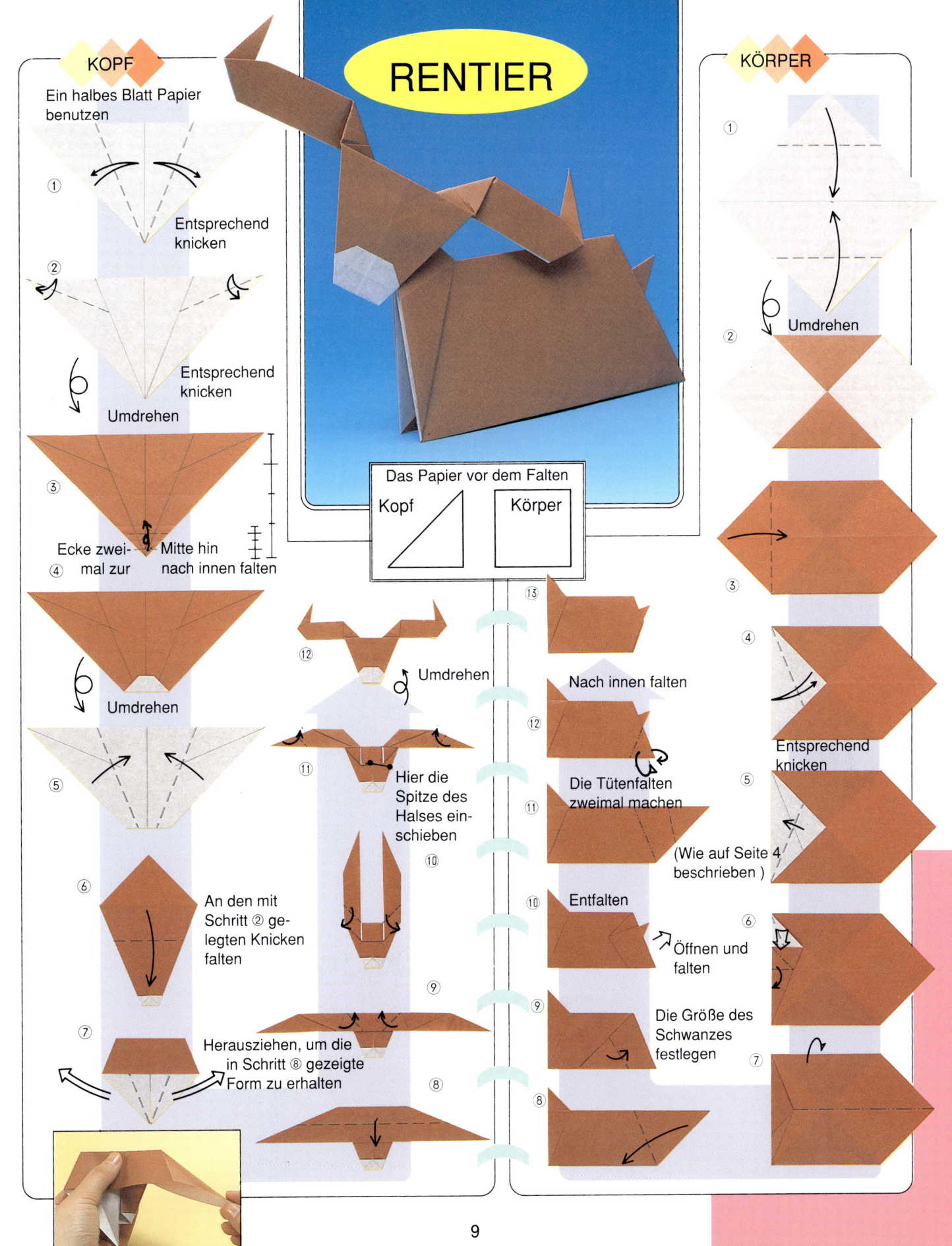

RENTIER

Ein halbes Blatt Papier benutzen

① Entsprechend knicken

② Entsprechend knicken

Umdrehen

③ Ecke zwei-mal zur Mitte hin nach innen falten

④

Umdrehen

⑤

⑥ An den mit Schritt ② gelegten Knicken falten

⑦ Herausziehen, um die in Schritt ⑧ gezeigte Form zu erhalten

⑧

⑨

⑩

⑪ Hier die Spitze des Halses einschieben

⑫ Umdrehen

Das Papier vor dem Falten

Kopf	Körper

⑬ Nach innen falten

⑫ Die Tütenfalten zweimal machen

⑪ (Wie auf Seite 4 beschrieben)

⑩ Entfalten

Öffnen und falten

⑨ Die Größe des Schwanzes festlegen

⑧

①

② Umdrehen

③

④

Entsprechend knicken

⑤

⑥

⑦

HUNDE

B Hund mit langem Schwanz

A Hund mit kurzem Schwanz

C Großer Hund

HUND (A)

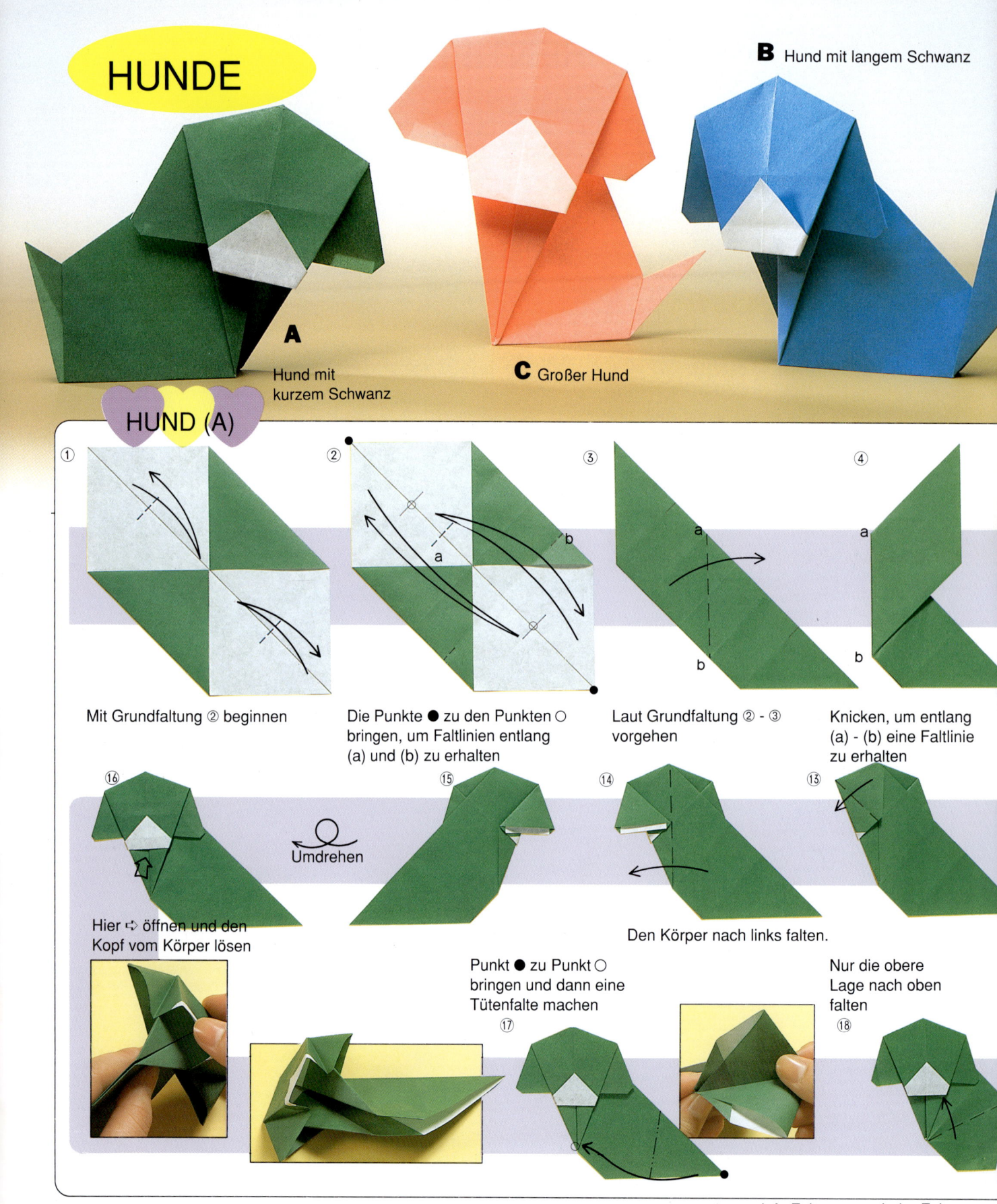

① Mit Grundfaltung ② beginnen

② Die Punkte ● zu den Punkten ○ bringen, um Faltlinien entlang (a) und (b) zu erhalten

③ Laut Grundfaltung ② - ③ vorgehen

④ Knicken, um entlang (a) - (b) eine Faltlinie zu erhalten

⑯ Hier ⇨ öffnen und den Kopf vom Körper lösen

⑮ Umdrehen

⑭ Den Körper nach links falten.

⑬

Punkt ● zu Punkt ○ bringen und dann eine Tütenfalte machen

⑰

Nur die obere Lage nach oben falten

⑱

◆ - - - tiefe Falte   − · − hohe Falte

10

Grundfaltungen für Hund, Bär und Katze

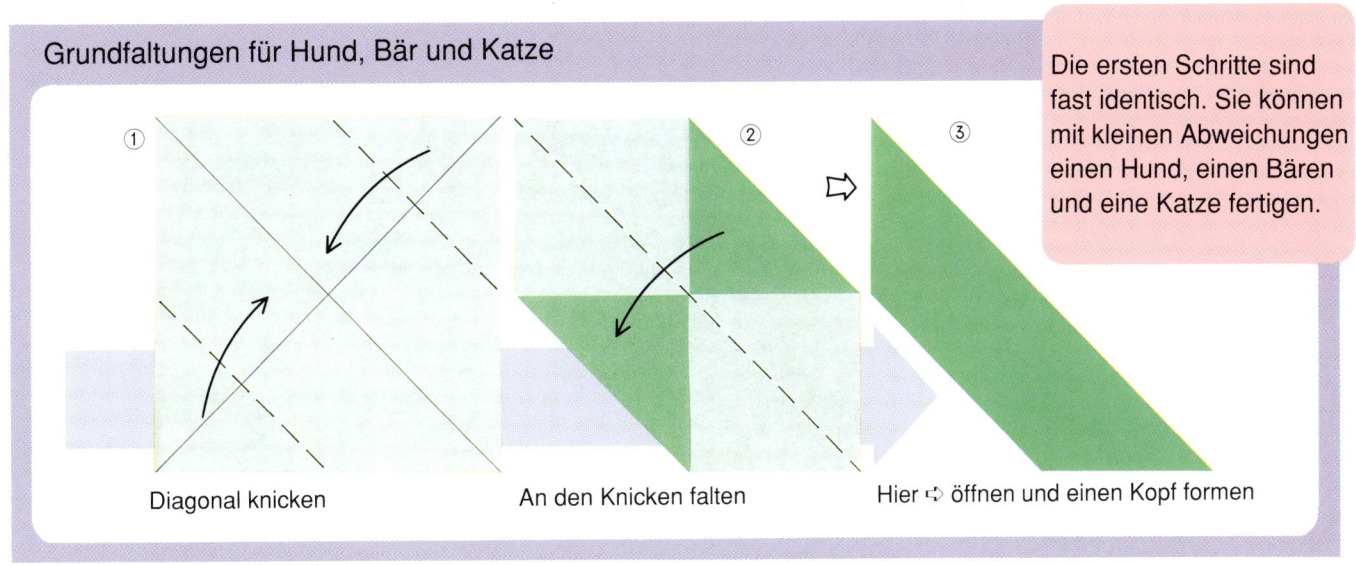

① Diagonal knicken

② An den Knicken falten

③ Hier ⇨ öffnen und einen Kopf formen

Die ersten Schritte sind fast identisch. Sie können mit kleinen Abweichungen einen Hund, einen Bären und eine Katze fertigen.

Das Formen eines Kopfes

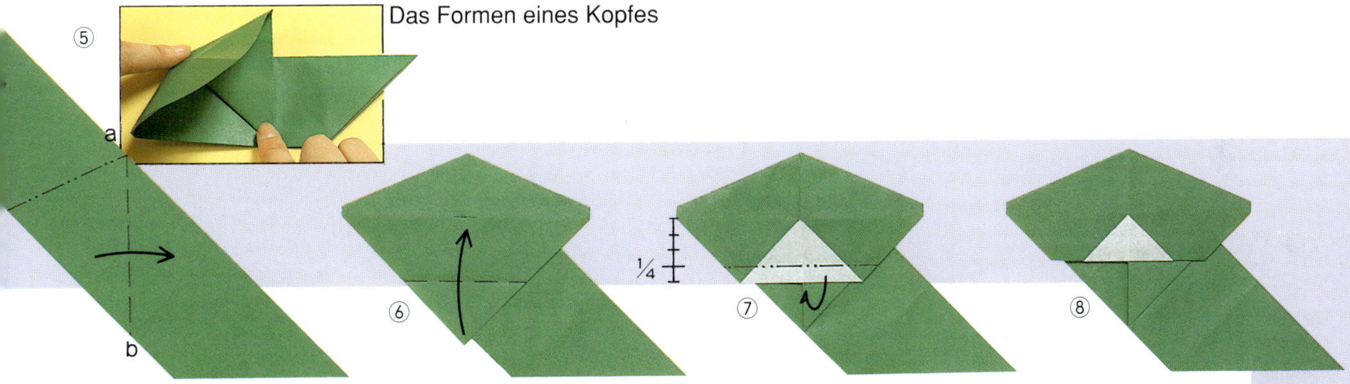

⑤ Hier ⇨ öffnen und wie oben gezeigt falten

⑥ Für die Nase nach oben falten

¼

⑦ Bei einem Viertel von unten nach hinten falten

⑧

↻ Umdrehen

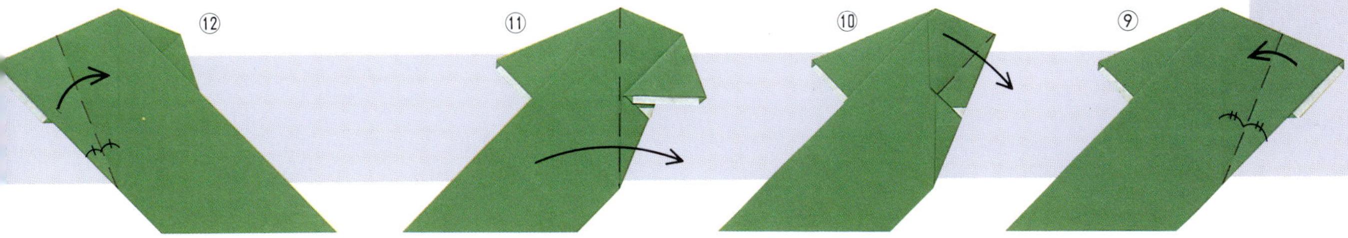

⑫ Das andere Ohr falten

⑪ Den Körper nach rechts falten

⑩

⑨ Ein Ohr falten

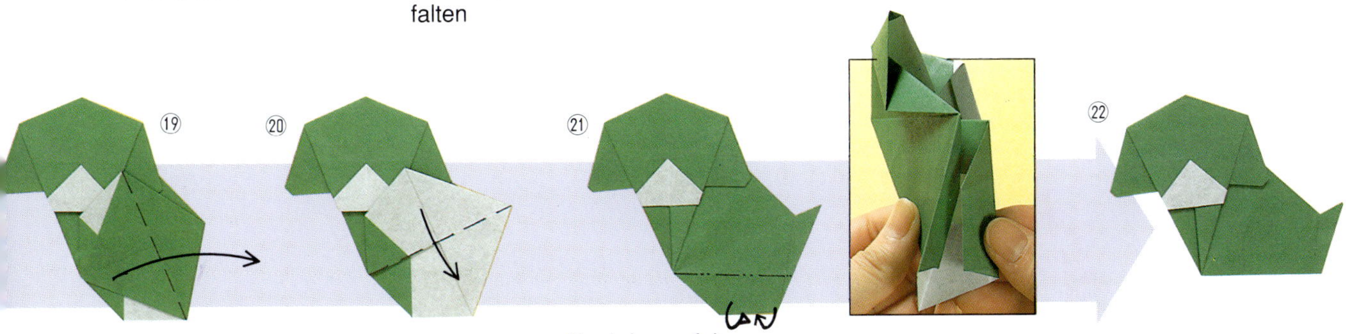

⑲

⑳

㉑ Nach innen falten

㉒

Faltsymbole siehe Umschlaginnenseite

11

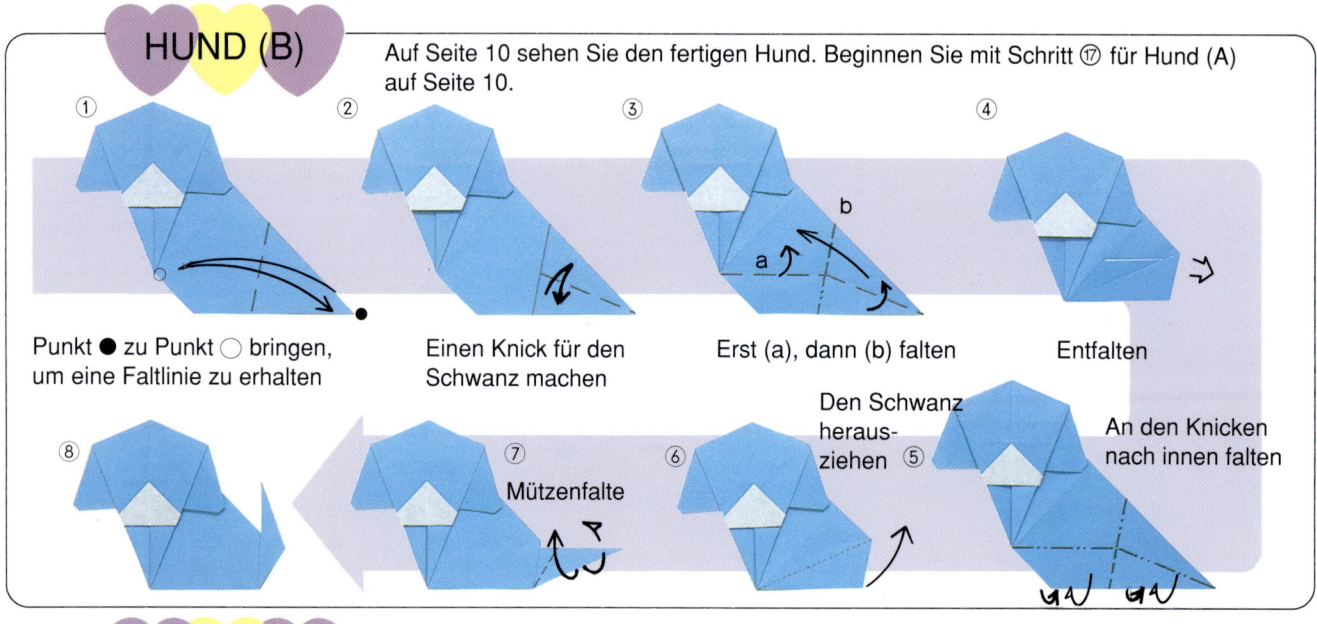

HUND (B)

Auf Seite 10 sehen Sie den fertigen Hund. Beginnen Sie mit Schritt ⑰ für Hund (A) auf Seite 10.

① Punkt ● zu Punkt ○ bringen, um eine Faltlinie zu erhalten

② Einen Knick für den Schwanz machen

③ Erst (a), dann (b) falten

④ Entfalten

⑤ An den Knicken nach innen falten

⑥ Den Schwanz herausziehen

⑦ Mützenfalte

⑧

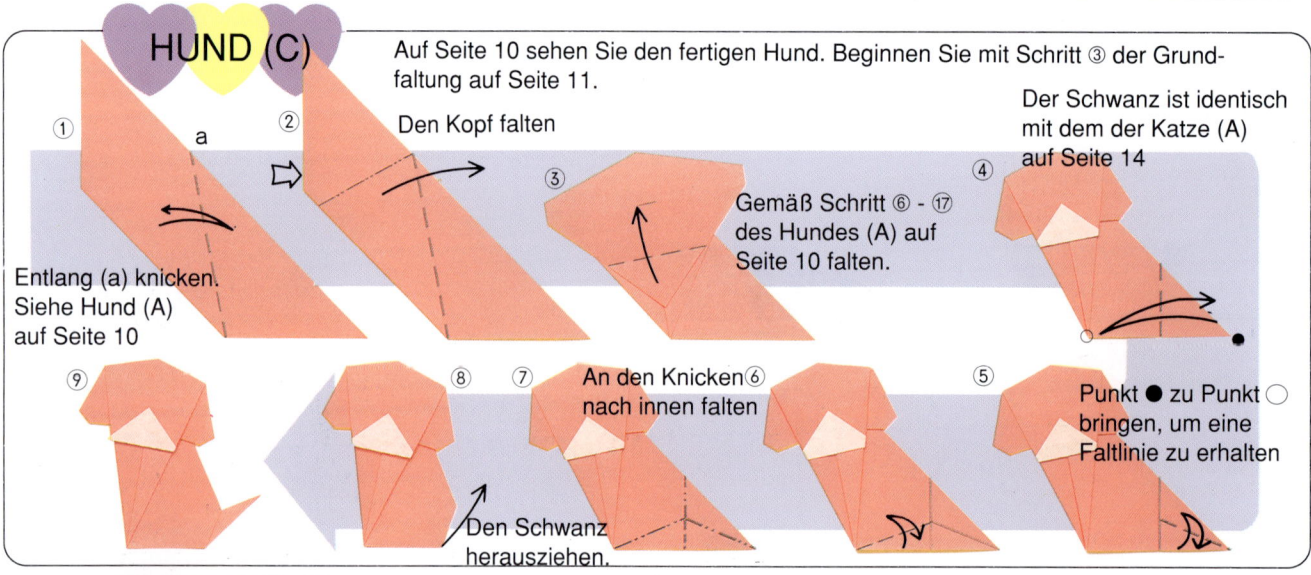

HUND (C)

Auf Seite 10 sehen Sie den fertigen Hund. Beginnen Sie mit Schritt ③ der Grundfaltung auf Seite 11.

① Entlang (a) knicken. Siehe Hund (A) auf Seite 10

② Den Kopf falten

③ Gemäß Schritt ⑥ - ⑰ des Hundes (A) auf Seite 10 falten.

④ Der Schwanz ist identisch mit dem der Katze (A) auf Seite 14

⑤ Punkt ● zu Punkt ○ bringen, um eine Faltlinie zu erhalten

⑥ An den Knicken nach innen falten

⑦

⑧ Den Schwanz herausziehen.

⑨

BÄR (B)

Auf Seite 13 sehen Sie den fertigen Bären.

① Entlang (a) knicken. Siehe Bär (A) auf Seite 13

② Den Kopf falten

③ Gemäß Schritt ③ - ⑩ des Bären (A) falten

④

⑤ Entfalten

⑥

⑦ Der Schwanz ist identisch mit dem des Hundes auf Seite 10.

⑧ Nach innen falten

⑨

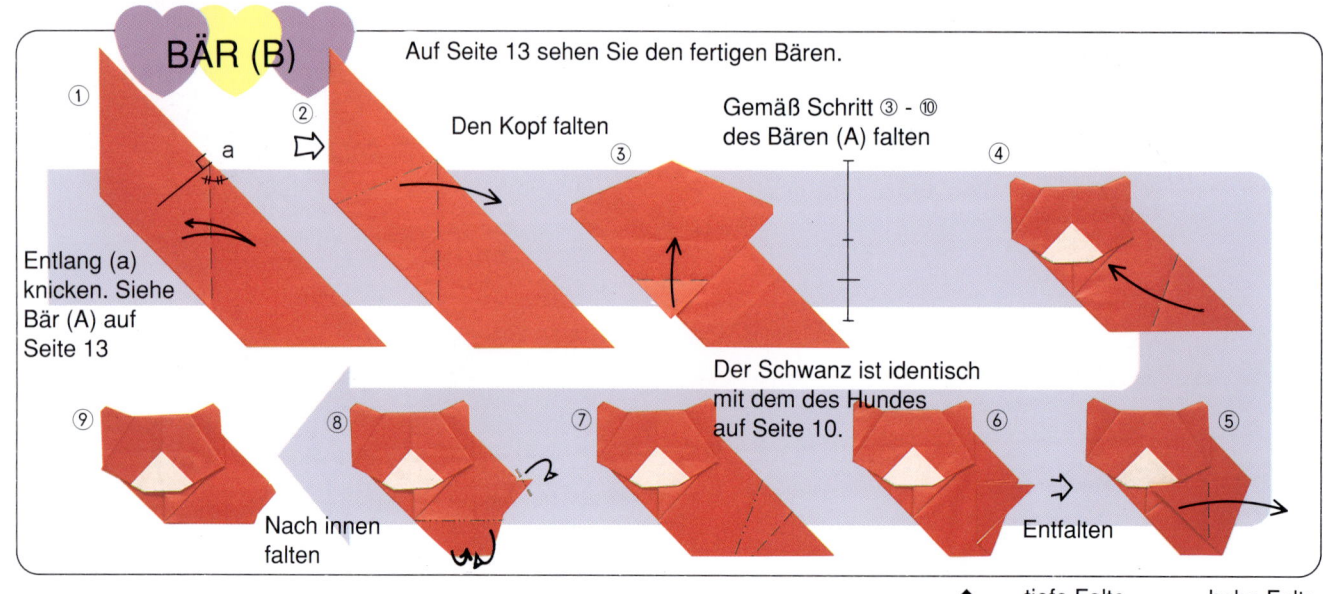

◆ - - - tiefe Falte   — - · — hohe Falte

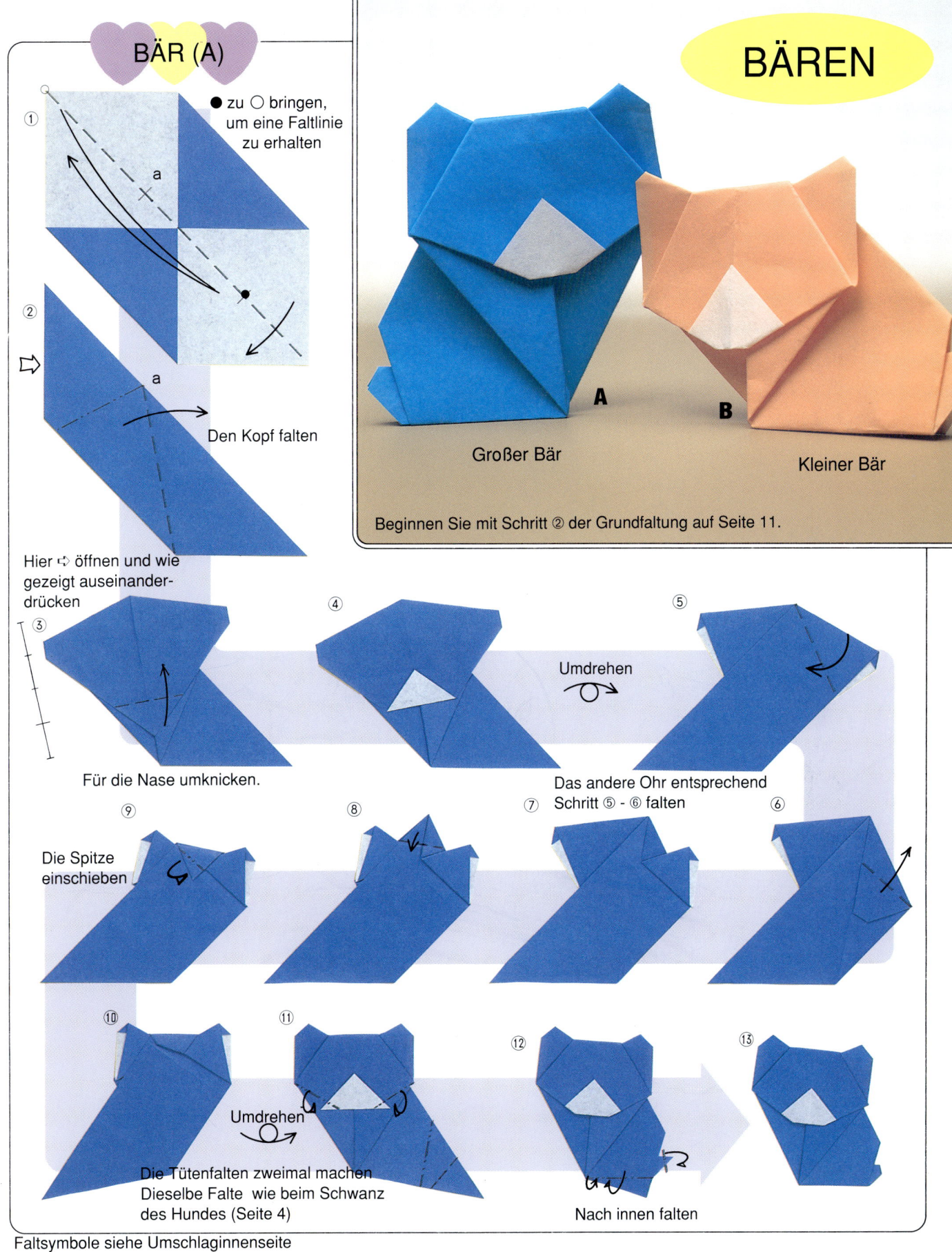

BÄR (A)

BÄREN

① ● zu ○ bringen, um eine Faltlinie zu erhalten

a

②

a

Den Kopf falten

Hier ⇨ öffnen und wie gezeigt auseinander-drücken

③ Für die Nase umknicken.

④

⑤ Umdrehen

Das andere Ohr entsprechend Schritt ⑤ - ⑥ falten

⑦

⑥

⑨ Die Spitze einschieben

⑧

⑩

⑪ Umdrehen

Die Tütenfalten zweimal machen Dieselbe Falte wie beim Schwanz des Hundes (Seite 4)

⑫

⑬

Nach innen falten

A Großer Bär

B Kleiner Bär

Beginnen Sie mit Schritt ② der Grundfaltung auf Seite 11.

Faltsymbole siehe Umschlaginnenseite

13

KATZE (A)

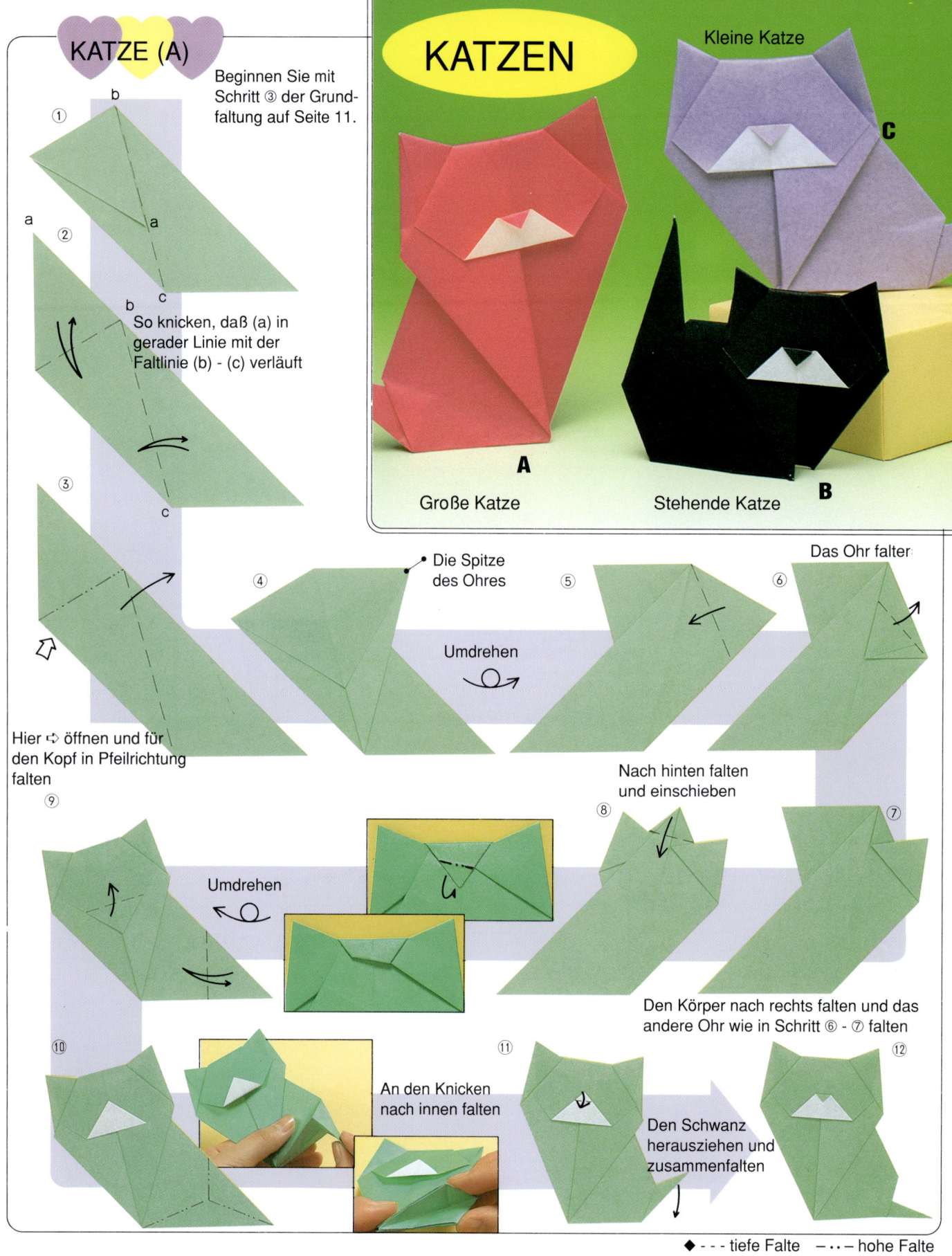

Beginnen Sie mit Schritt ③ der Grundfaltung auf Seite 11.

① b

a ② a

c

b

So knicken, daß (a) in gerader Linie mit der Faltlinie (b) - (c) verläuft

③ c

KATZEN

Kleine Katze

C

A

B

Große Katze

Stehende Katze

④ • Die Spitze des Ohres

⑤ Umdrehen

⑥ Das Ohr falten

Hier ⇨ öffnen und für den Kopf in Pfeilrichtung falten

⑨

Umdrehen

Nach hinten falten und einschieben

⑧

⑦

Den Körper nach rechts falten und das andere Ohr wie in Schritt ⑥ - ⑦ falten

⑩

An den Knicken nach innen falten

⑪

Den Schwanz herausziehen und zusammenfalten

⑫

◆ - - - tiefe Falte   — · — hohe Falte

14

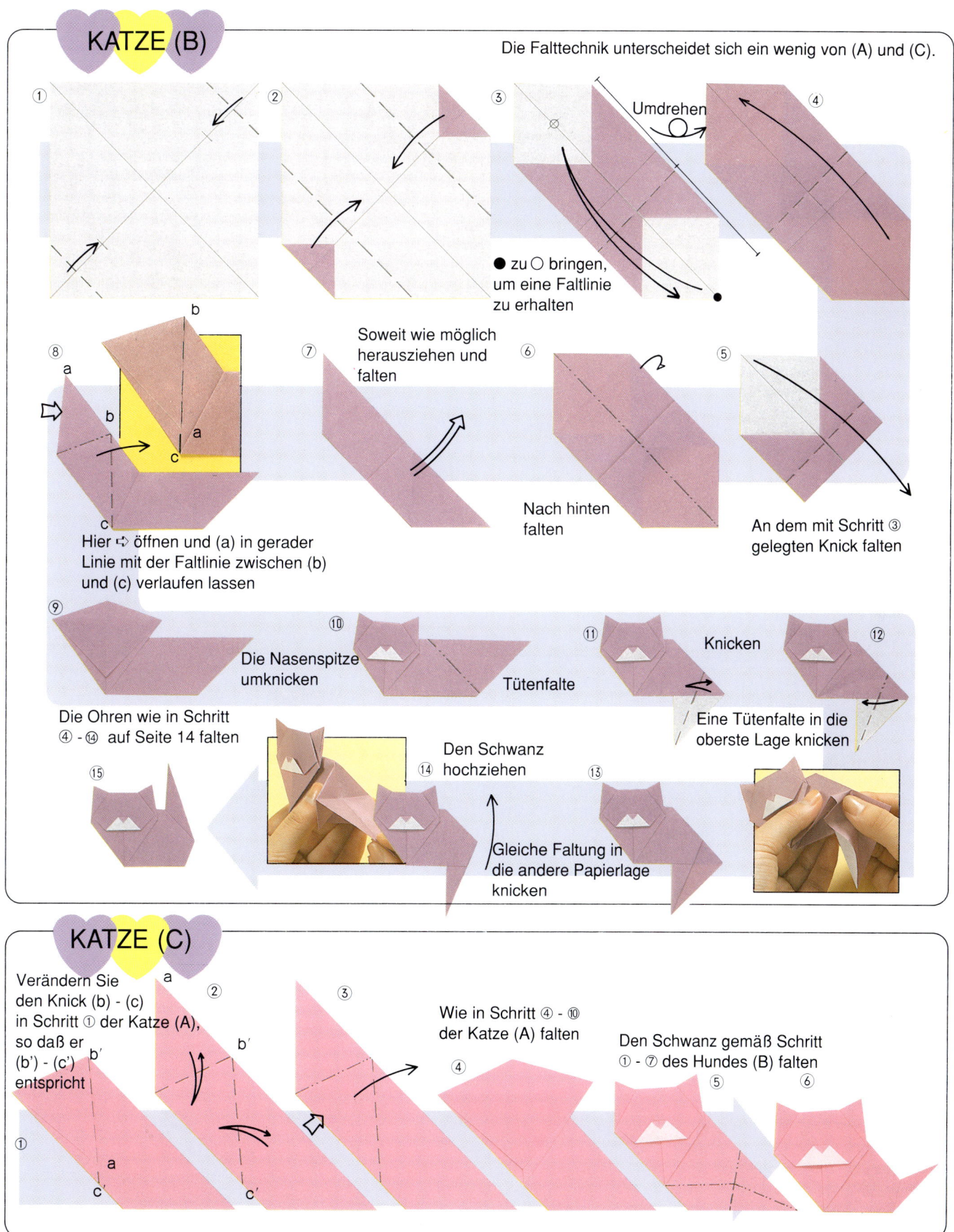

KATZE (B)

Die Falttechnik unterscheidet sich ein wenig von (A) und (C).

① ② ③ Umdrehen ④

● zu ○ bringen,
um eine Faltlinie
zu erhalten

⑧
Hier ⇨ öffnen und (a) in gerader
Linie mit der Faltlinie zwischen (b)
und (c) verlaufen lassen

⑦ Soweit wie möglich
herausziehen und
falten

⑥ Nach hinten
falten

⑤ An dem mit Schritt ③
gelegten Knick falten

⑨

Die Ohren wie in Schritt
④ - ⑭ auf Seite 14 falten

⑩ Die Nasenspitze
umknicken

Tütenfalte

⑪ Knicken ⑫

Eine Tütenfalte in die
oberste Lage knicken

⑮

Den Schwanz
⑭ hochziehen

Gleiche Faltung in
die andere Papierlage
knicken

⑬

KATZE (C)

Verändern Sie
den Knick (b) - (c)
in Schritt ① der Katze (A),
so daß er
(b') - (c')
entspricht

① ② ③

Wie in Schritt ④ - ⑩
der Katze (A) falten

④

Den Schwanz gemäß Schritt
① - ⑦ des Hundes (B) falten

⑤ ⑥

Faltsymbole siehe Umschlaginnenseite

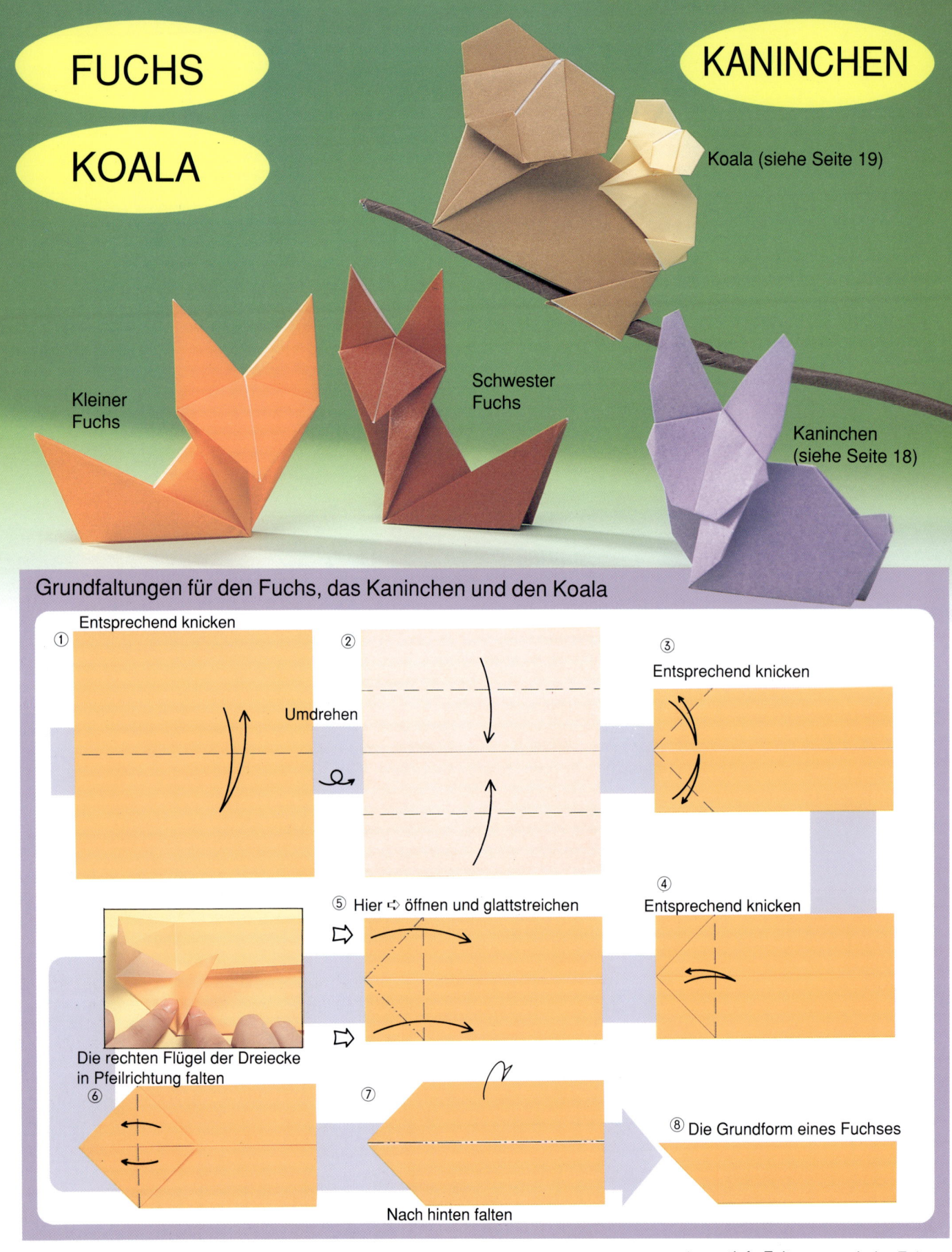

FUCHS

KOALA

KANINCHEN

Koala (siehe Seite 19)

Kleiner Fuchs

Schwester Fuchs

Kaninchen (siehe Seite 18)

Grundfaltungen für den Fuchs, das Kaninchen und den Koala

① Entsprechend knicken

② Umdrehen

③ Entsprechend knicken

④ Entsprechend knicken

⑤ Hier ⇨ öffnen und glattstreichen

Die rechten Flügel der Dreiecke in Pfeilrichtung falten

⑥

⑦

⑧ Die Grundform eines Fuchses

Nach hinten falten

◆ - - - tiefe Falte   − · − hohe Falte

16

KLEINER FUCHS

Beginnen Sie mit der Grundform auf der vorangegangenen Seite.

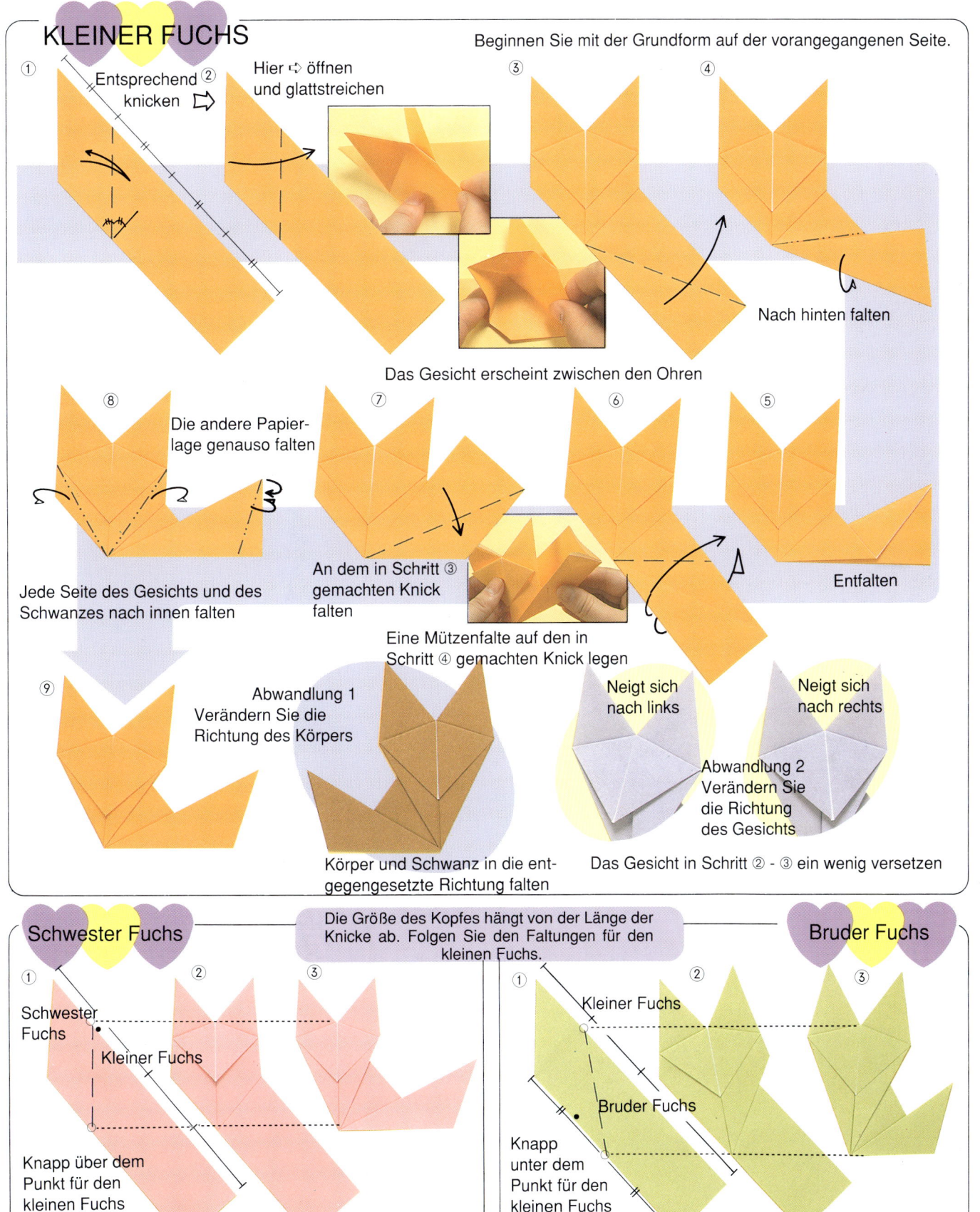

① Entsprechend knicken ②

Hier ⇨ öffnen und glattstreichen

③

④

Nach hinten falten

Das Gesicht erscheint zwischen den Ohren

⑧ Die andere Papierlage genauso falten

⑦

⑥

⑤

Jede Seite des Gesichts und des Schwanzes nach innen falten

An dem in Schritt ③ gemachten Knick falten

Entfalten

Eine Mützenfalte auf den in Schritt ④ gemachten Knick legen

⑨

Abwandlung 1 Verändern Sie die Richtung des Körpers

Neigt sich nach links

Neigt sich nach rechts

Abwandlung 2 Verändern Sie die Richtung des Gesichts

Körper und Schwanz in die entgegengesetzte Richtung falten

Das Gesicht in Schritt ② - ③ ein wenig versetzen

Schwester Fuchs

Die Größe des Kopfes hängt von der Länge der Knicke ab. Folgen Sie den Faltungen für den kleinen Fuchs.

Bruder Fuchs

① ② ③

Schwester Fuchs

Kleiner Fuchs

Knapp über dem Punkt für den kleinen Fuchs knicken

① ② ③

Kleiner Fuchs

Bruder Fuchs

Knapp unter dem Punkt für den kleinen Fuchs knicken

Faltsymbole siehe Umschlaginnenseite

KANINCHEN

Beginnen Sie mit Schritt ⑥ der Grundfaltung auf Seite 16.

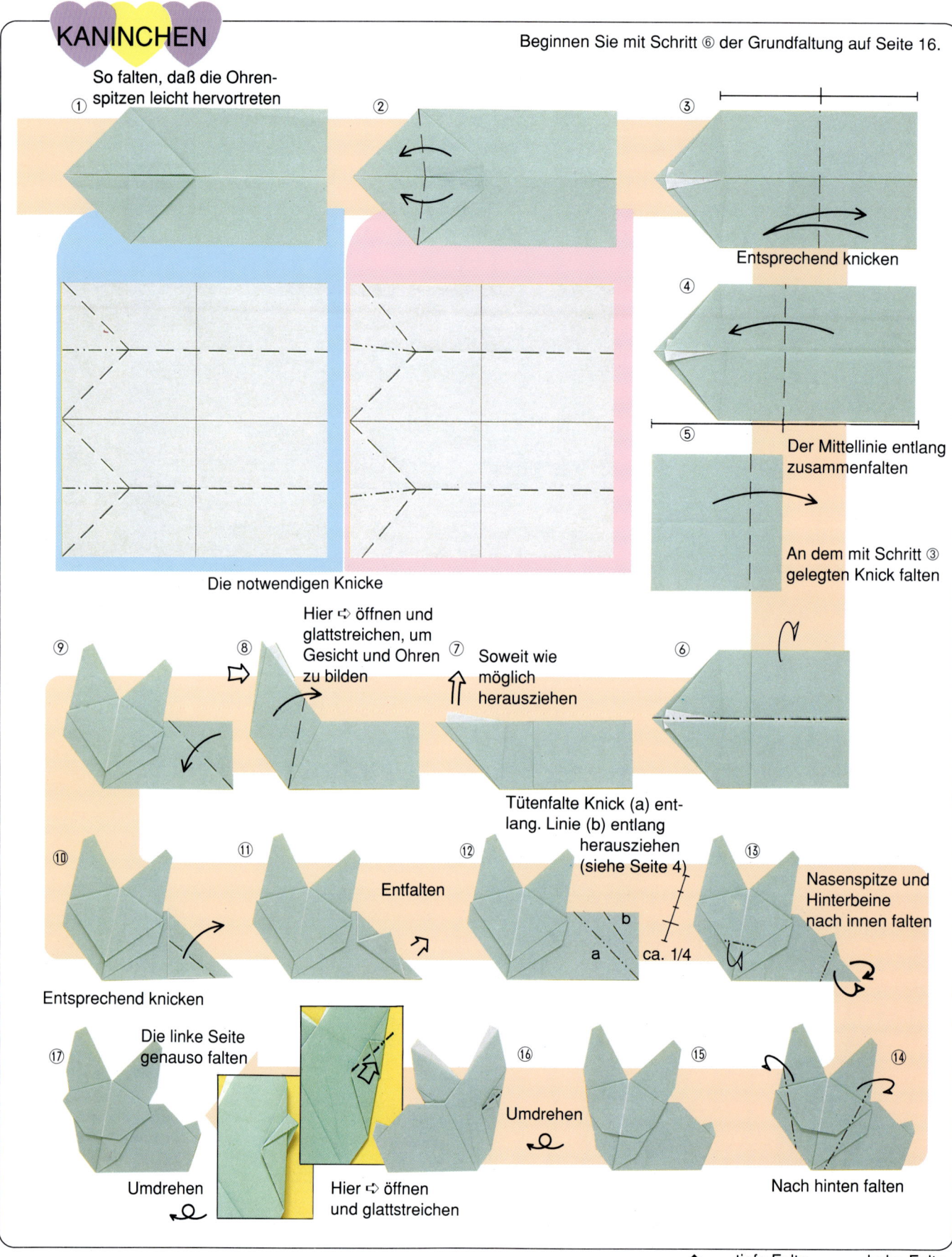

① So falten, daß die Ohrenspitzen leicht hervortreten

②

③ Entsprechend knicken

Die notwendigen Knicke

④ Der Mittellinie entlang zusammenfalten

⑤ An dem mit Schritt ③ gelegten Knick falten

⑥

⑦ Soweit wie möglich herausziehen

⑧ Hier ➩ öffnen und glattstreichen, um Gesicht und Ohren zu bilden

⑨

⑩ Entsprechend knicken

⑪ Entfalten

⑫ Tütenfalte Knick (a) entlang. Linie (b) entlang herausziehen (siehe Seite 4)
b
a   ca. 1/4

⑬ Nasenspitze und Hinterbeine nach innen falten

⑭ Nach hinten falten

⑮ Umdrehen

⑯ Umdrehen

⑰ Die linke Seite genauso falten
Umdrehen

Hier ➩ öffnen und glattstreichen

◆ - - - tiefe Falte   — · — hohe Falte

18

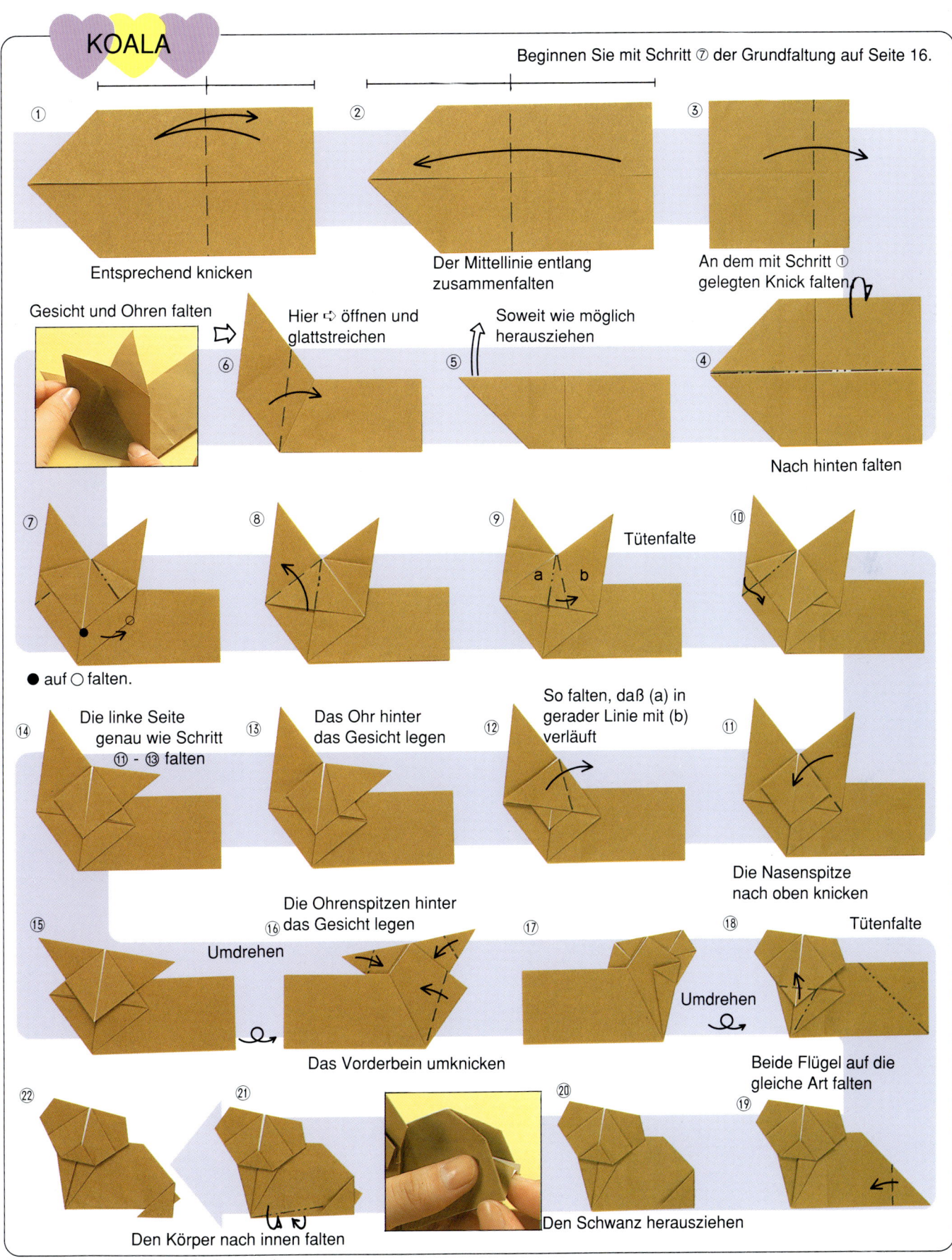

KOALA

Beginnen Sie mit Schritt ⑦ der Grundfaltung auf Seite 16.

① Entsprechend knicken

② Der Mittellinie entlang zusammenfalten

③ An dem mit Schritt ① gelegten Knick falten

Gesicht und Ohren falten

⑥ Hier ⇨ öffnen und glattstreichen

⑤ Soweit wie möglich herausziehen

④ Nach hinten falten

⑦ ● auf ○ falten.

⑧

⑨ Tütenfalte   a ┆ b

⑩

⑭ Die linke Seite genau wie Schritt ⑪ - ⑬ falten

⑬ Das Ohr hinter das Gesicht legen

⑫ So falten, daß (a) in gerader Linie mit (b) verläuft

⑪ Die Nasenspitze nach oben knicken

⑮ Umdrehen

⑯ Die Ohrenspitzen hinter das Gesicht legen   Das Vorderbein umknicken

⑰ Umdrehen

⑱ Tütenfalte   Beide Flügel auf die gleiche Art falten

⑲

⑳ Den Schwanz herausziehen

㉑ Den Körper nach innen falten

㉒

Faltsymbole siehe Umschlaginnenseite

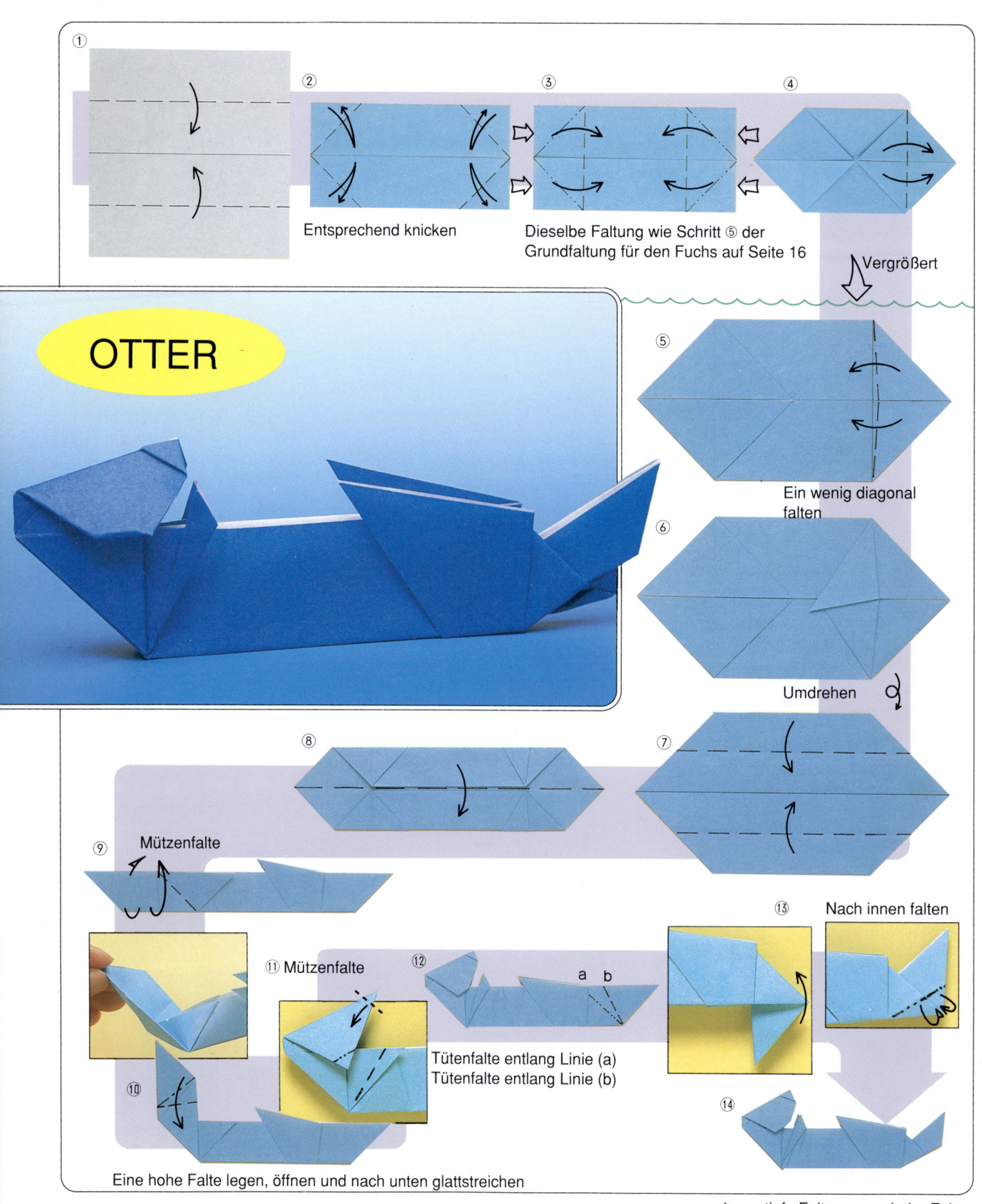

① ② ③ ④

Entsprechend knicken

Dieselbe Faltung wie Schritt ⑤ der
Grundfaltung für den Fuchs auf Seite 16

Vergrößert

OTTER

⑤ Ein wenig diagonal falten

⑥ Umdrehen

⑦ ⑧

⑨ Mützenfalte

⑪ Mützenfalte

⑫ a b

Tütenfalte entlang Linie (a)
Tütenfalte entlang Linie (b)

⑬ Nach innen falten

⑩

⑭

Eine hohe Falte legen, öffnen und nach unten glattstreichen

◆ - - - tiefe Falte   − · − hohe Falte

20

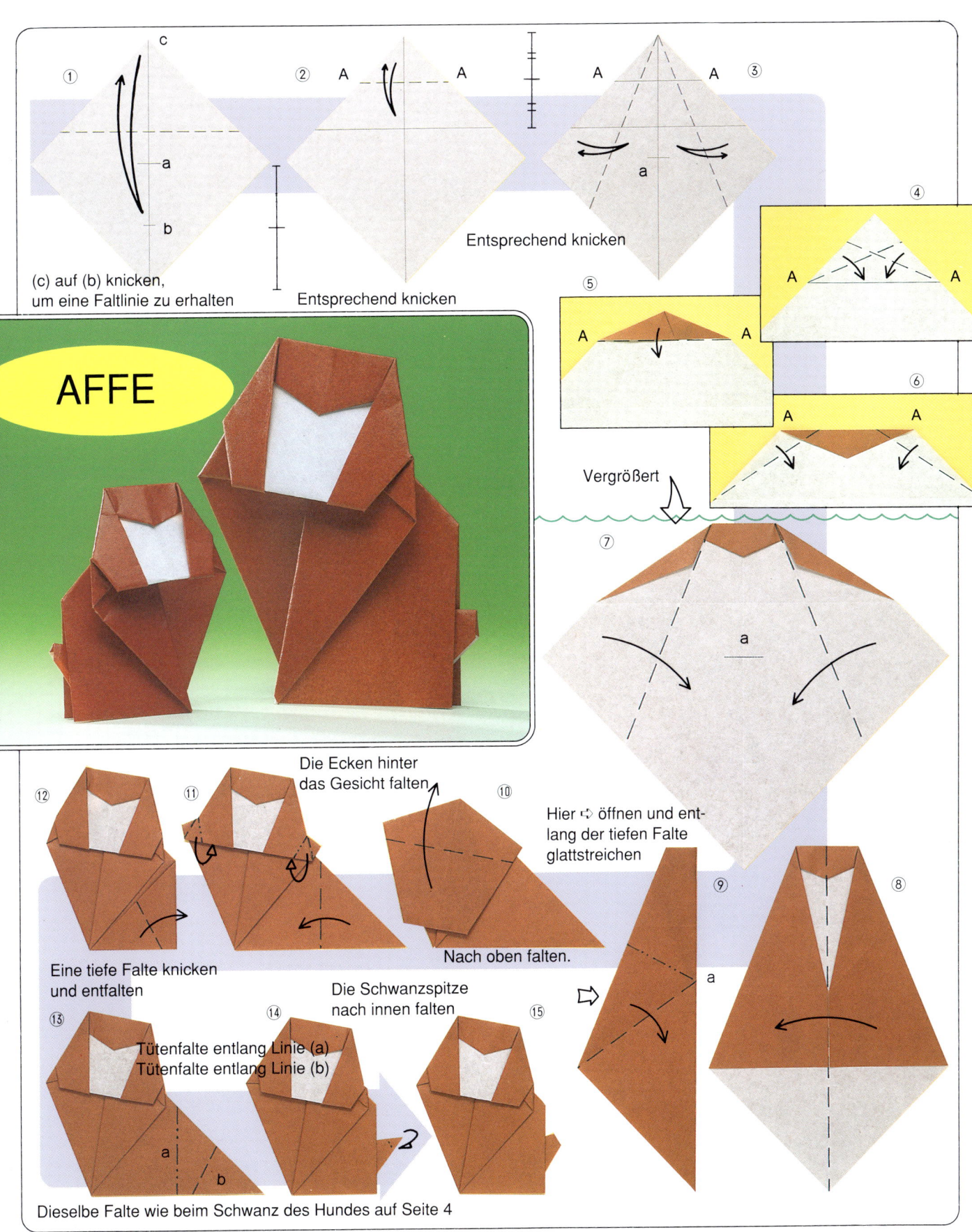

① (c) auf (b) knicken,
um eine Faltlinie zu erhalten

② Entsprechend knicken

③ Entsprechend knicken

AFFE

④

⑤

⑥

Vergrößert

⑦

⑧

⑨ Hier ➡ öffnen und entlang der tiefen Falte glattstreichen

⑩ Nach oben falten.

Die Ecken hinter das Gesicht falten

⑪

⑫ Eine tiefe Falte knicken und entfalten

⑬ Tütenfalte entlang Linie (a)
Tütenfalte entlang Linie (b)

Dieselbe Falte wie beim Schwanz des Hundes auf Seite 4

⑭ Die Schwanzspitze nach innen falten

⑮

Faltsymbole siehe Umschlaginnenseite

21

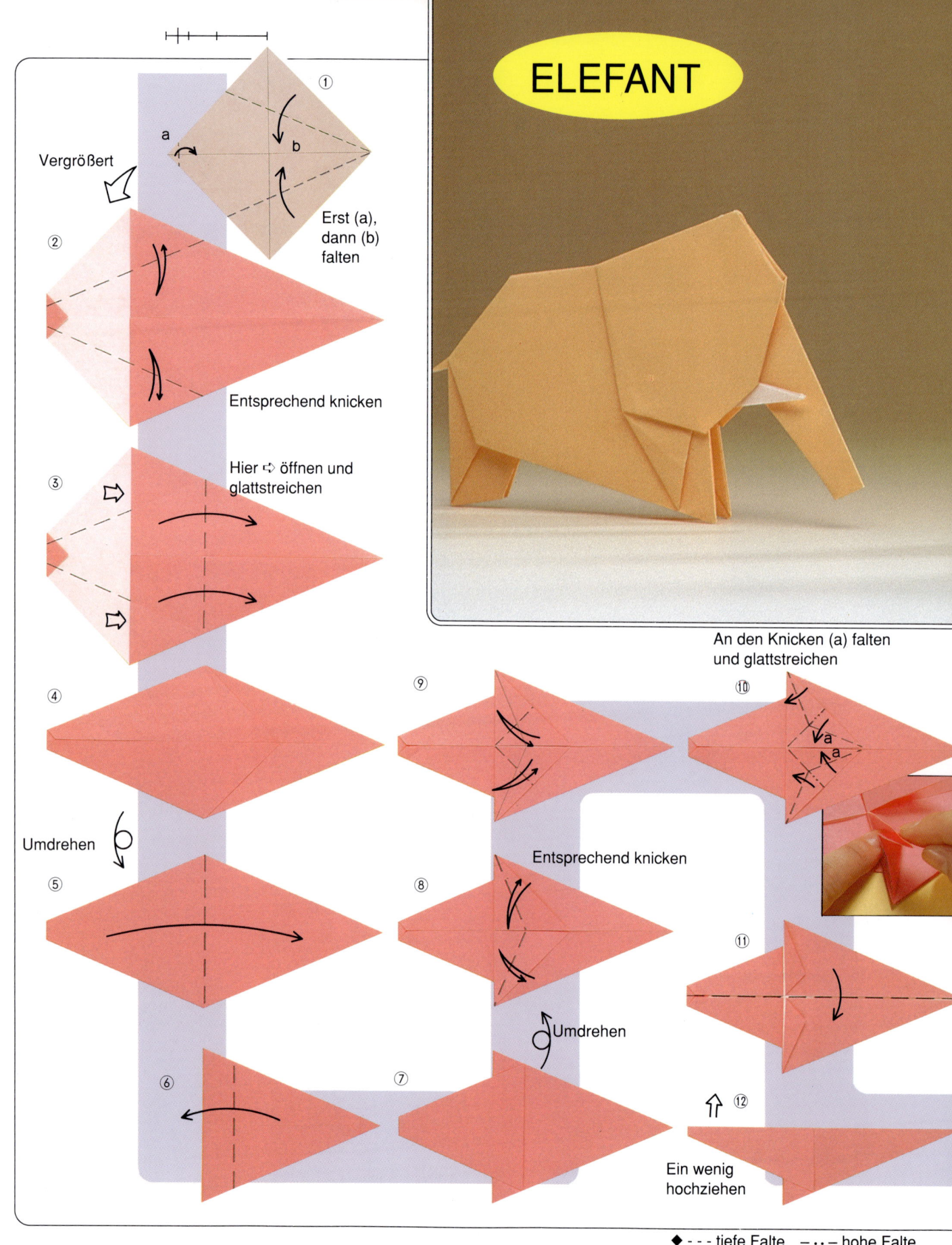

ELEFANT

① Erst (a),
dann (b)
falten

Vergrößert

② Entsprechend knicken

③ Hier ⇨ öffnen und
glattstreichen

④ Umdrehen

⑤

⑥ ⑦ Umdrehen

⑧ Entsprechend knicken

⑨

An den Knicken (a) falten
und glattstreichen

⑩

⑪

⑫ Ein wenig
hochziehen

◆ - - - tiefe Falte   — · — hohe Falte

22

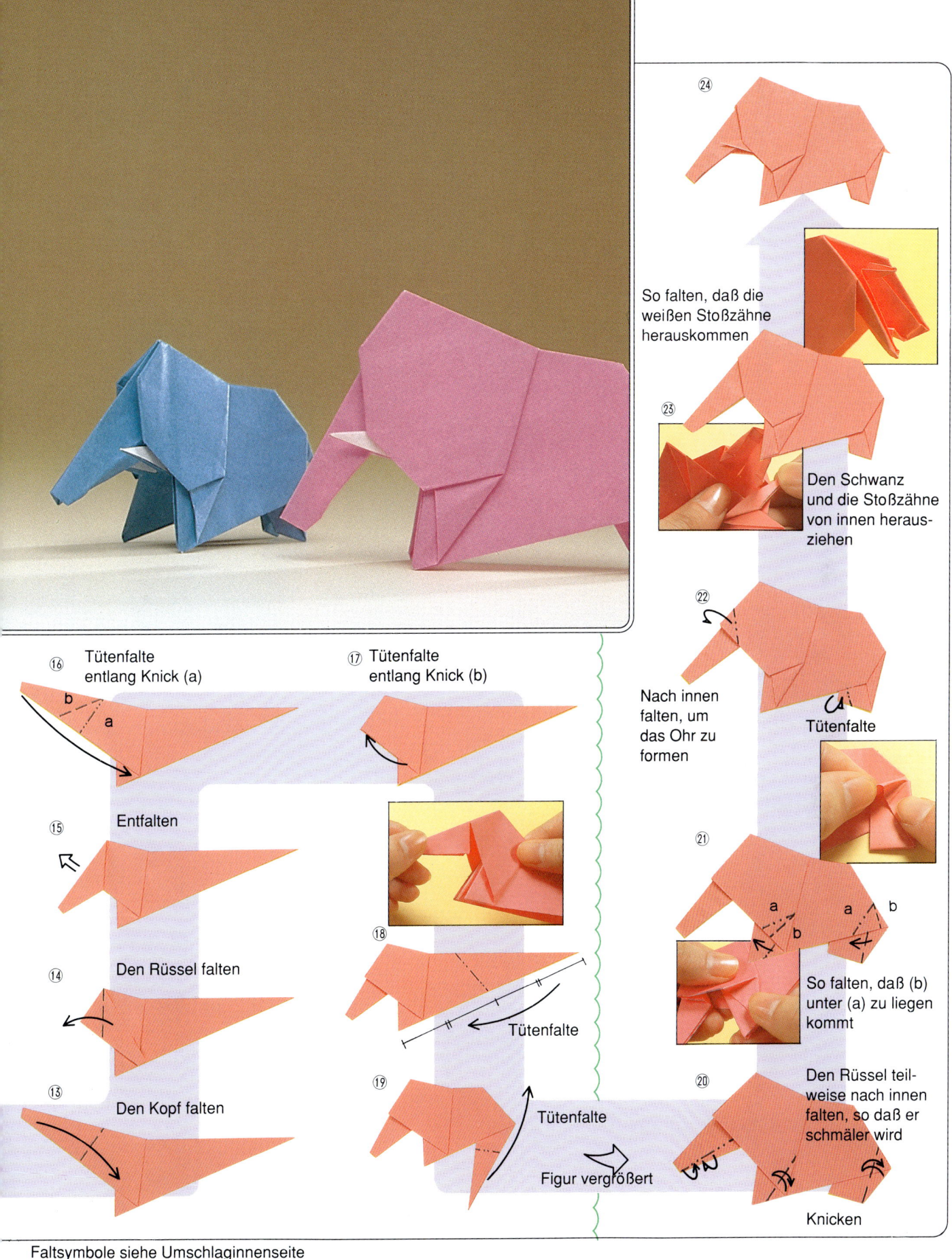

㉔

So falten, daß die weißen Stoßzähne herauskommen

㉓ Den Schwanz und die Stoßzähne von innen herausziehen

㉒

Nach innen falten, um das Ohr zu formen

Tütenfalte

㉑

a   a   b
b

So falten, daß (b) unter (a) zu liegen kommt

⑯ Tütenfalte entlang Knick (a)

b
a

⑰ Tütenfalte entlang Knick (b)

⑮ Entfalten

⑱ Tütenfalte

⑭ Den Rüssel falten

⑲ Tütenfalte

Figur vergrößert

⑬ Den Kopf falten

⑳ Den Rüssel teilweise nach innen falten, so daß er schmäler wird

Knicken

Faltsymbole siehe Umschlaginnenseite

SCHLANGE

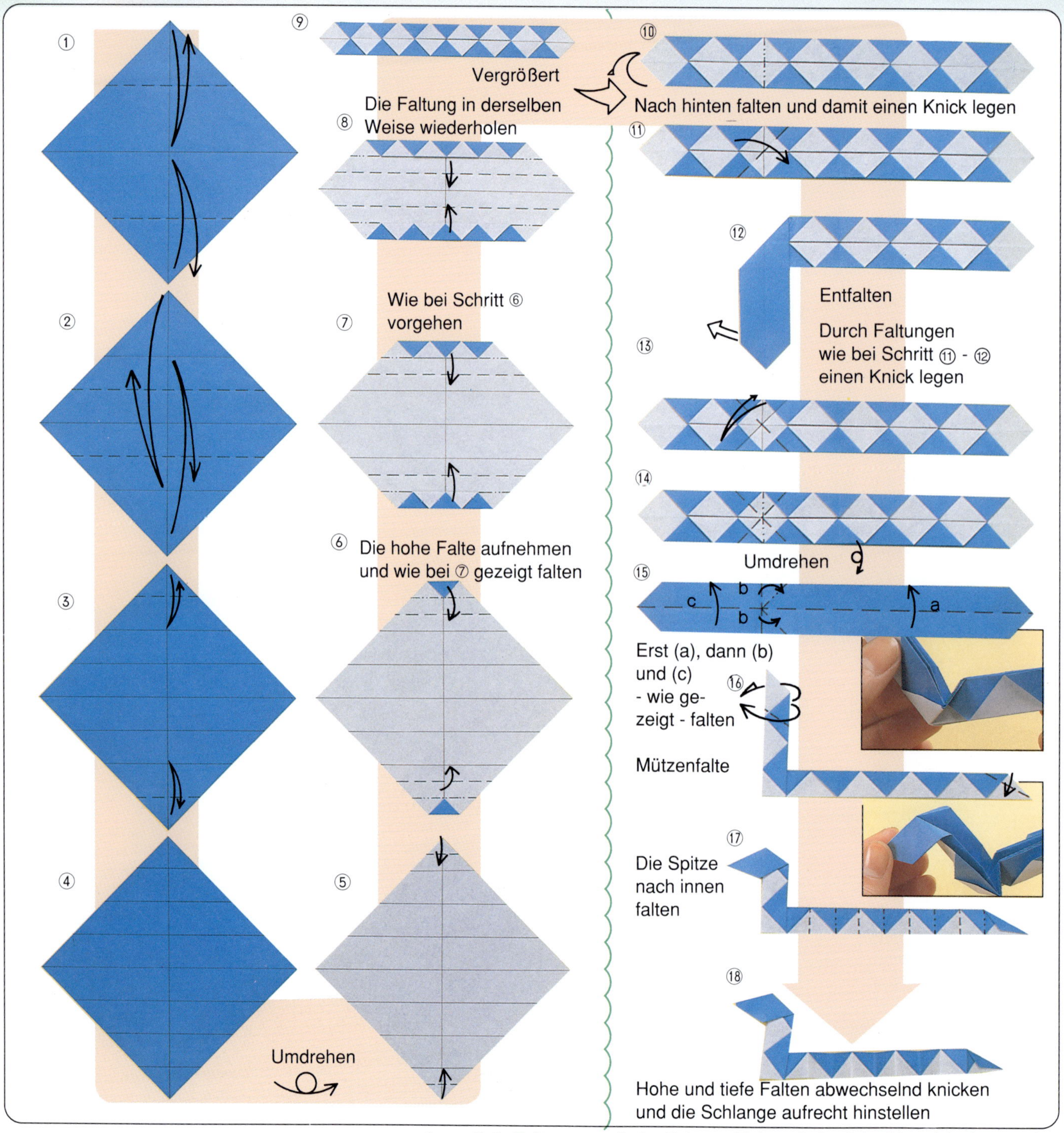

①

②

③

④ Umdrehen

⑤

⑥ Die hohe Falte aufnehmen und wie bei ⑦ gezeigt falten

⑦ Wie bei Schritt ⑥ vorgehen

⑧ Die Faltung in derselben Weise wiederholen

⑨ Vergrößert

⑩ Nach hinten falten und damit einen Knick legen

⑪

⑫ Entfalten

Durch Faltungen wie bei Schritt ⑪ - ⑫ einen Knick legen

⑬

⑭ Umdrehen

⑮ Erst (a), dann (b) und (c) - wie gezeigt - falten

Mützenfalte

⑯

⑰ Die Spitze nach innen falten

⑱

Hohe und tiefe Falten abwechselnd knicken und die Schlange aufrecht hinstellen

◆ - - - tiefe Falte   – · — hohe Falte   Faltsymbole siehe Umschlaginnenseite

2
VÖGEL

JAHRESZEITLICHE GRÜSSE

HÜHNER UND KÜKEN

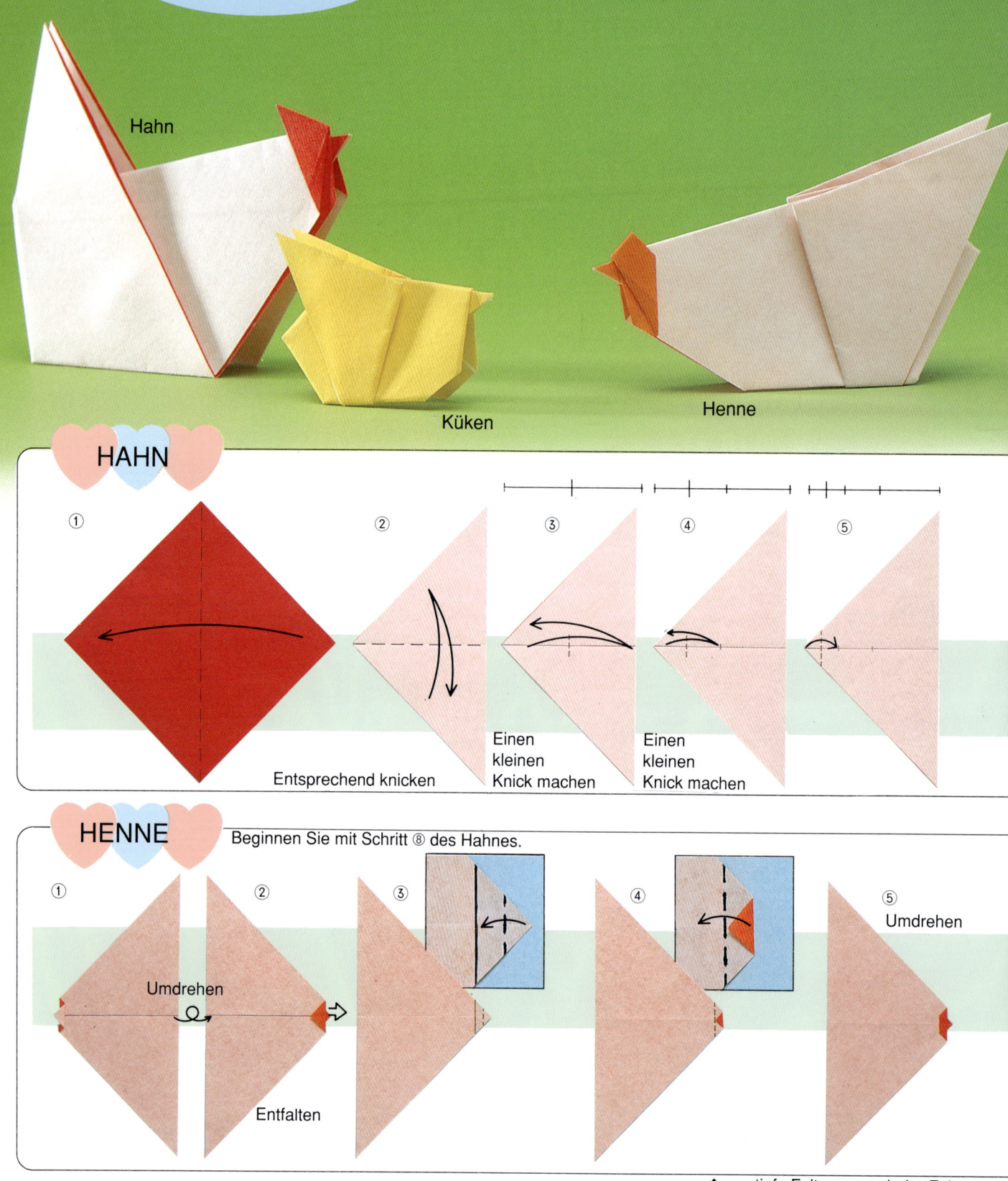

Hahn

Küken

Henne

HAHN

① ② Entsprechend knicken ③ Einen kleinen Knick machen ④ Einen kleinen Knick machen ⑤

HENNE — Beginnen Sie mit Schritt ⑧ des Hahnes.

① Umdrehen ② Entfalten ③ ④ ⑤ Umdrehen

◆ - - - tiefe Falte   — · — hohe Falte

KÜKEN

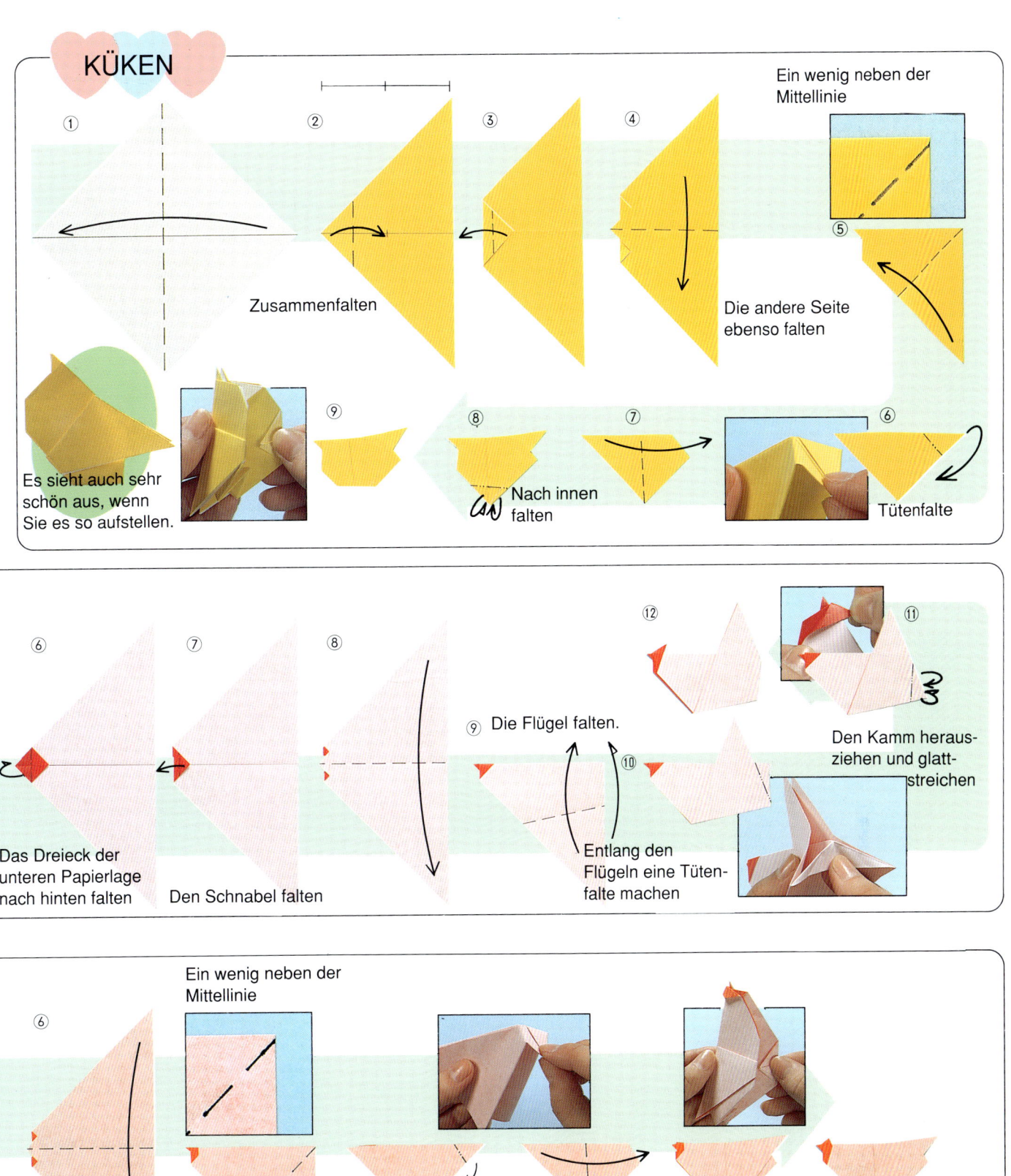

① ②

Zusammenfalten

③ ④

Die andere Seite ebenso falten

Ein wenig neben der Mittellinie

⑤

Es sieht auch sehr schön aus, wenn Sie es so aufstellen.

⑨ ⑧ Nach innen falten ⑦ ⑥ Tütenfalte

⑥ ⑦ ⑧

Das Dreieck der unteren Papierlage nach hinten falten

Den Schnabel falten

⑨ Die Flügel falten.

⑩

Entlang den Flügeln eine Tütenfalte machen

⑫ ⑪

Den Kamm herausziehen und glattstreichen

⑥

Ein wenig neben der Mittellinie

⑦

Eine Tütenfalte machen

⑧ ⑨ ⑩ ⑪

Den Kamm herausziehen und die Beine nach innen falten

Faltsymbole siehe Umschlaginnenseite

KLEINE VÖGEL

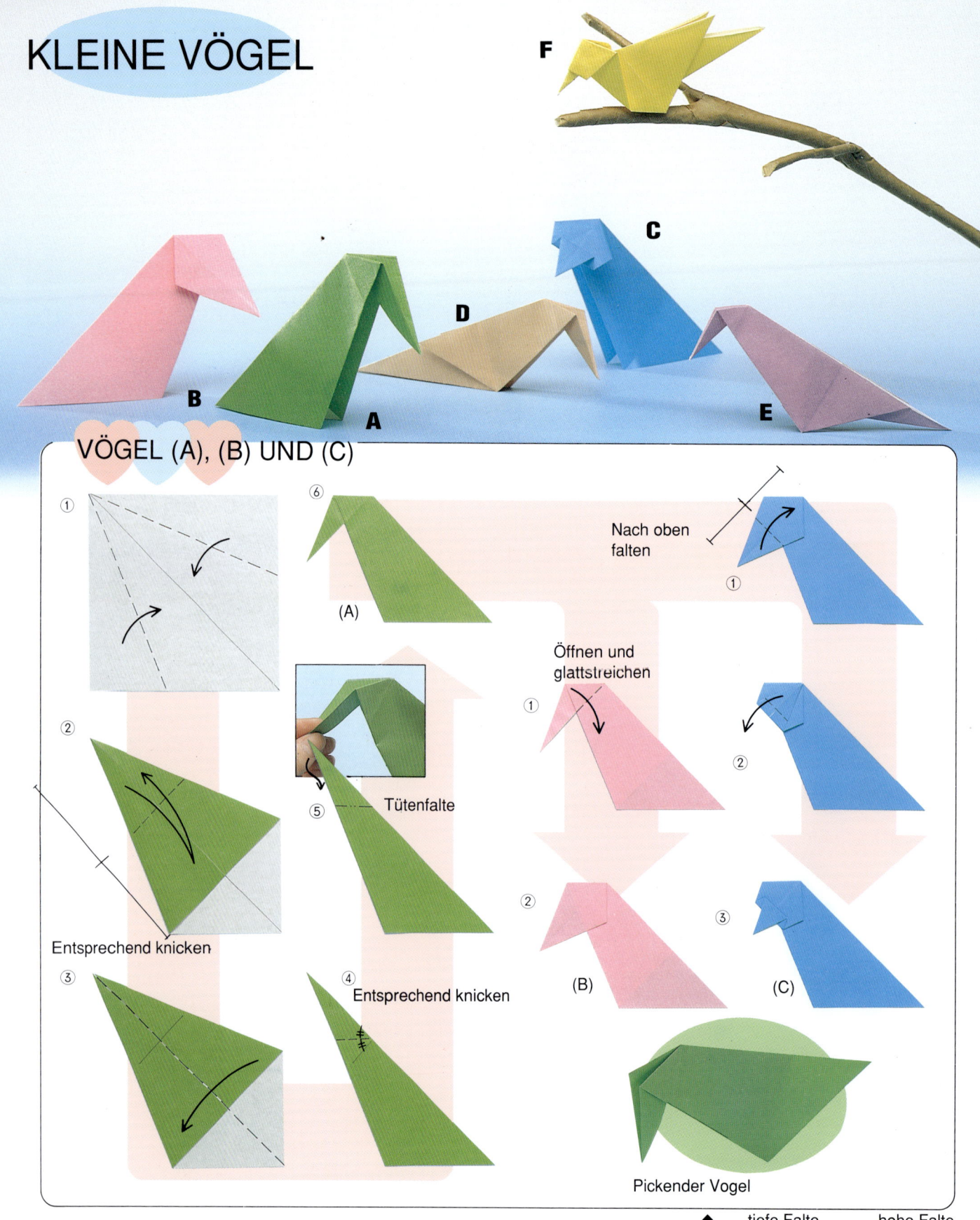

VÖGEL (A), (B) UND (C)

① ②
Entsprechend knicken
③
④ Entsprechend knicken
⑤ — Tütenfalte
⑥
(A)

Nach oben falten
①
②
③
(C)

Öffnen und glattstreichen
①
②
(B)

Pickender Vogel

◆ - - - tiefe Falte   — · — hohe Falte

VOGEL (D)

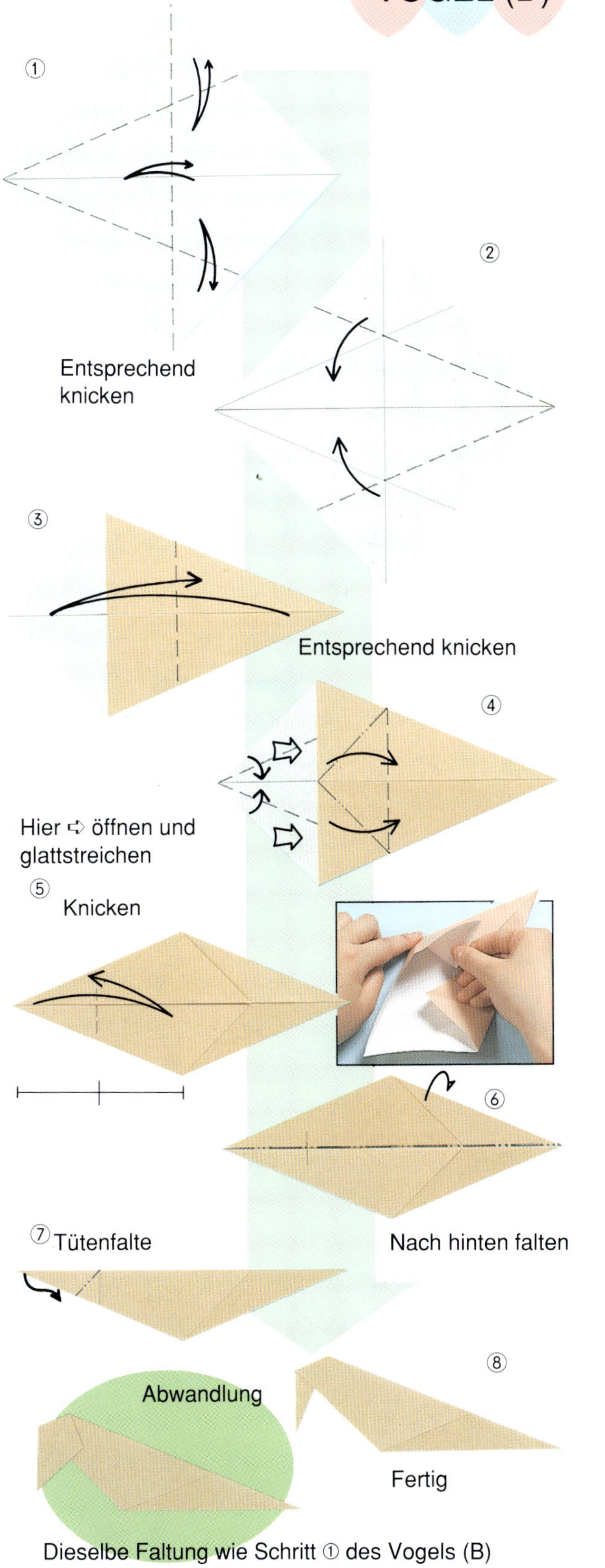

①
Entsprechend knicken
②
③
Entsprechend knicken
④
Hier ➪ öffnen und glattstreichen
⑤ Knicken
⑥
Nach hinten falten
⑦ Tütenfalte
⑧
Abwandlung
Fertig
Dieselbe Faltung wie Schritt ① des Vogels (B)

VOGEL (E)

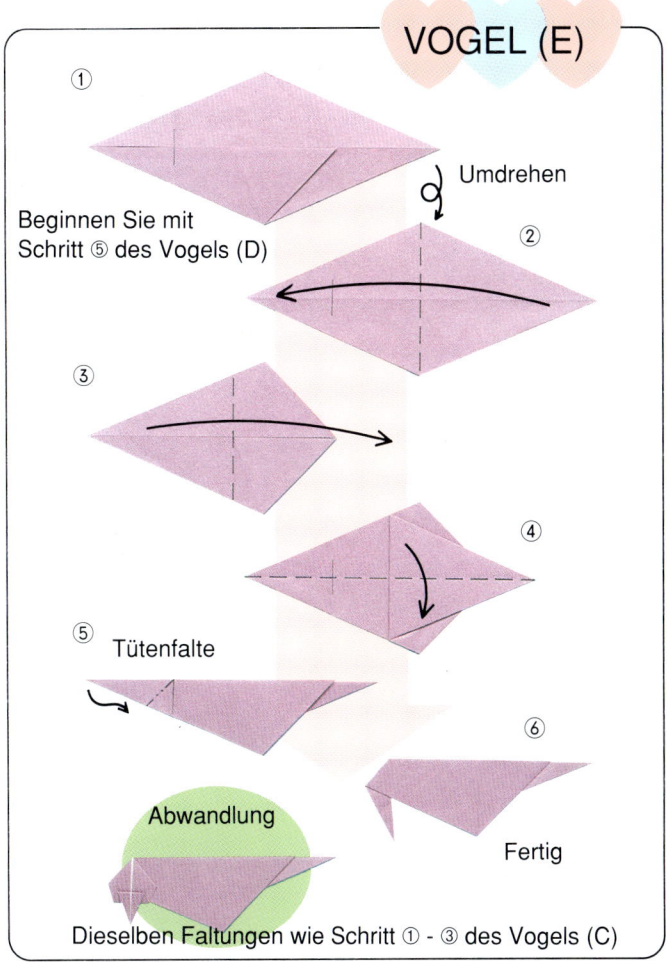

①
Umdrehen
Beginnen Sie mit Schritt ⑤ des Vogels (D)
②
③
④
⑤ Tütenfalte
⑥
Abwandlung
Fertig
Dieselben Faltungen wie Schritt ① - ③ des Vogels (C)

VOGEL (F)

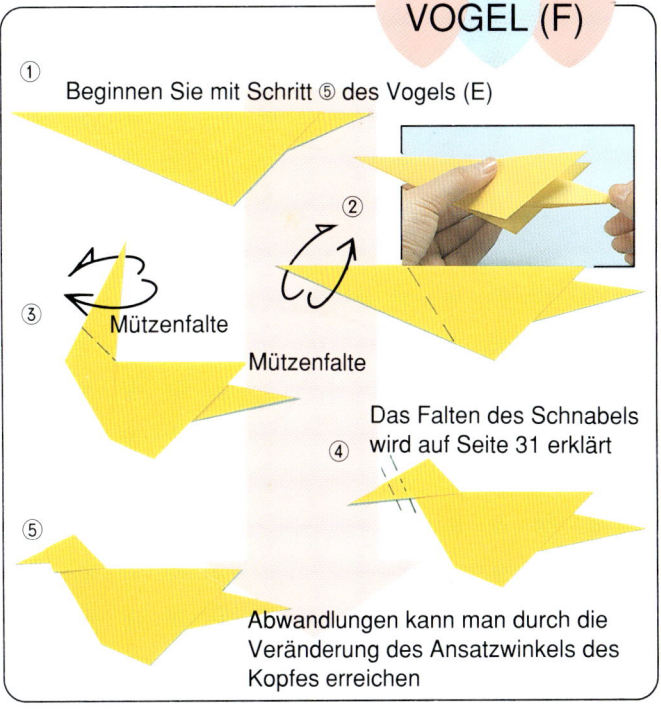

① Beginnen Sie mit Schritt ⑤ des Vogels (E)
②
③ Mützenfalte
Mützenfalte
Das Falten des Schnabels wird auf Seite 31 erklärt
④
⑤
Abwandlungen kann man durch die Veränderung des Ansatzwinkels des Kopfes erreichen

Faltsymbole siehe Umschlaginnenseite

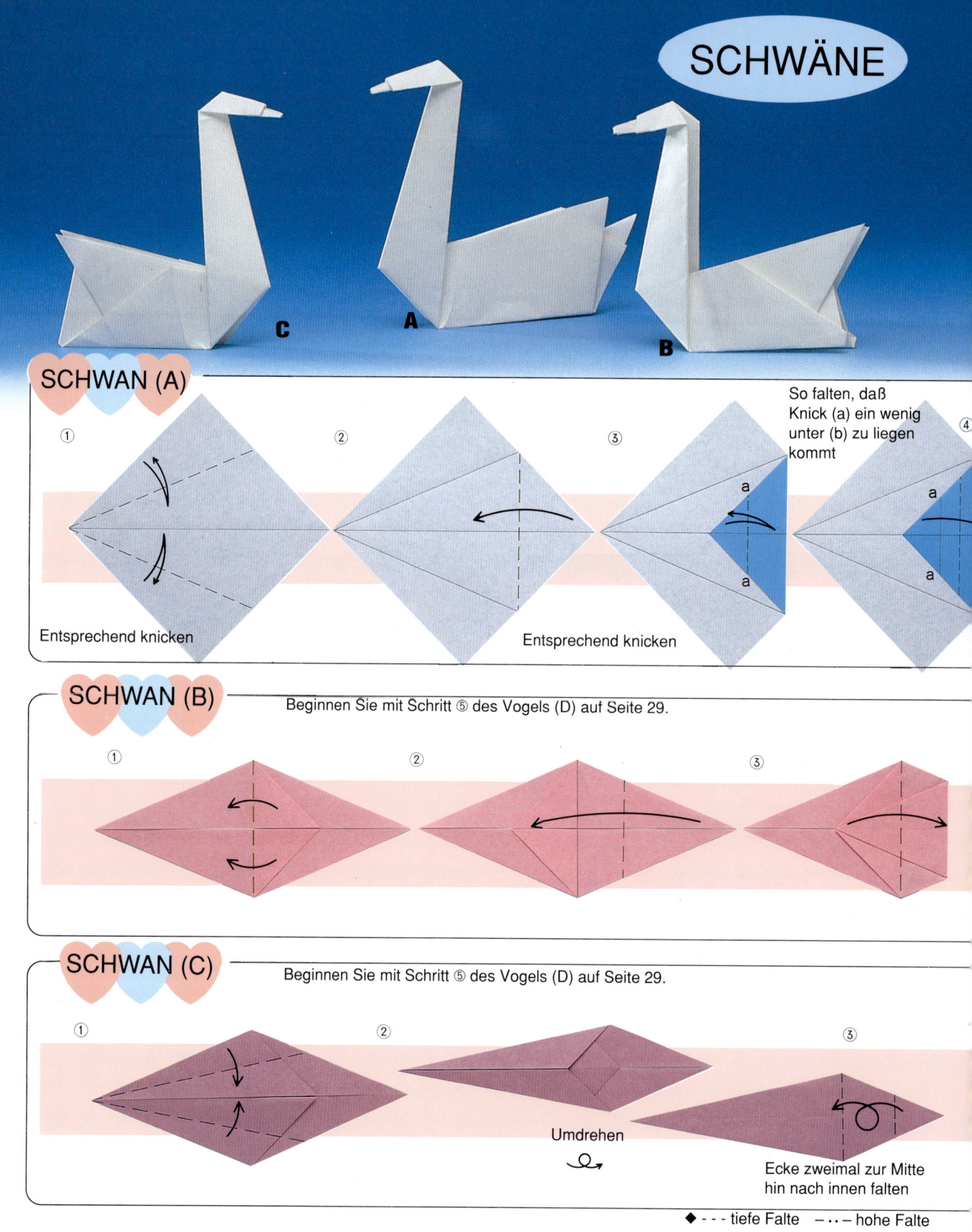

SCHWÄNE

C
A
B

SCHWAN (A)

So falten, daß Knick (a) ein wenig unter (b) zu liegen kommt

① Entsprechend knicken

②

③ Entsprechend knicken

④

a

a

SCHWAN (B)

Beginnen Sie mit Schritt ⑤ des Vogels (D) auf Seite 29.

①

②

③

SCHWAN (C)

Beginnen Sie mit Schritt ⑤ des Vogels (D) auf Seite 29.

①

②

Umdrehen

③

Ecke zweimal zur Mitte hin nach innen falten

◆ - - - tiefe Falte   — · — hohe Falte

30

Das Falten des Schnabels   Dies trifft für fast alle Schnäbel zu.

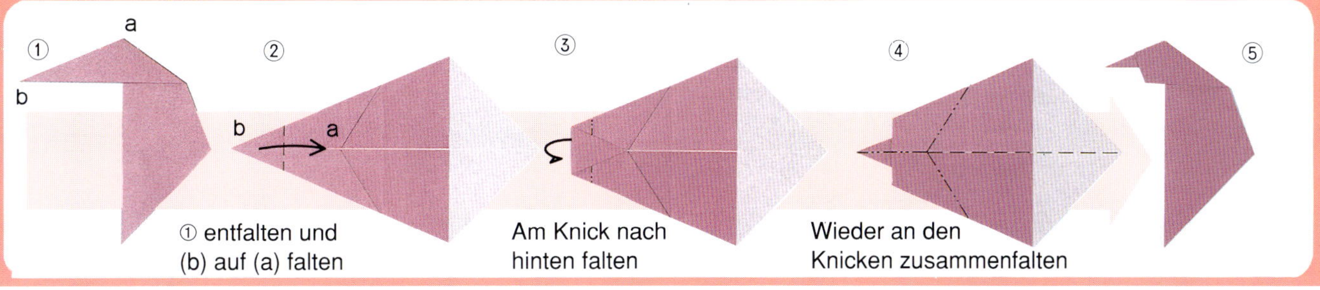

① a
b
② b → a
③ Am Knick nach hinten falten
④ Wieder an den Knicken zusammenfalten
⑤

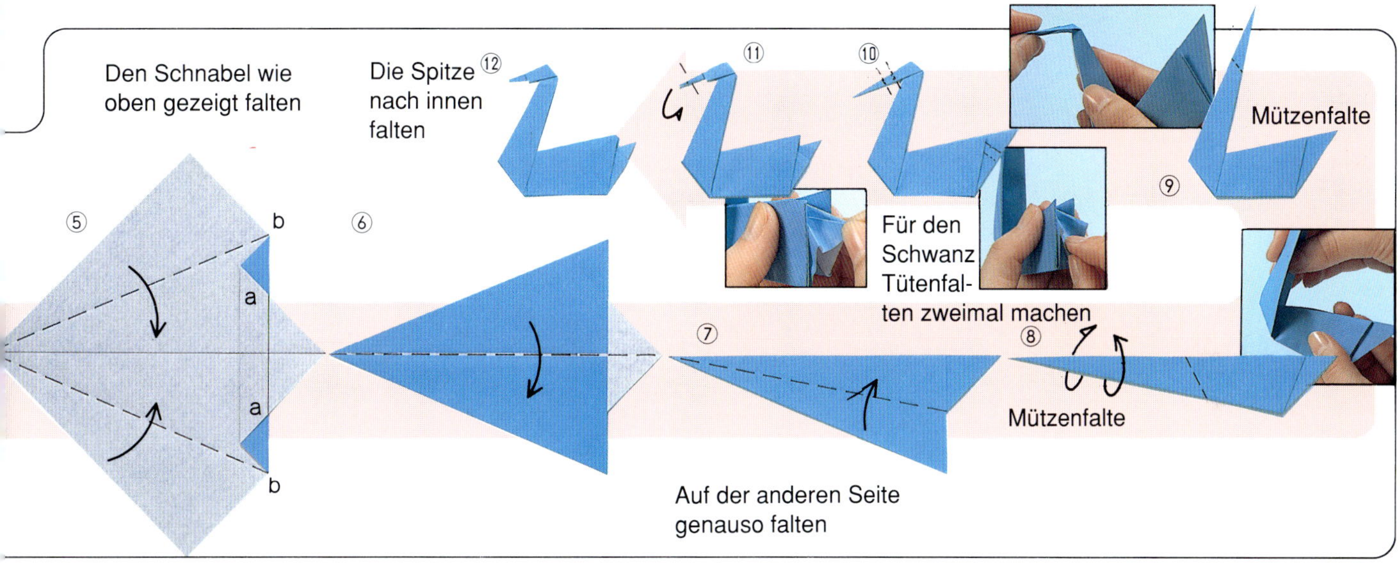

① entfalten und (b) auf (a) falten

Den Schnabel wie oben gezeigt falten

Die Spitze ⑫ nach innen falten

⑪ ⑩

Mützenfalte

⑤ b / a / a / b
⑥
⑦ Auf der anderen Seite genauso falten
⑧ Mützenfalte
⑨

Für den Schwanz Tütenfalten zweimal machen

Mützenfalte

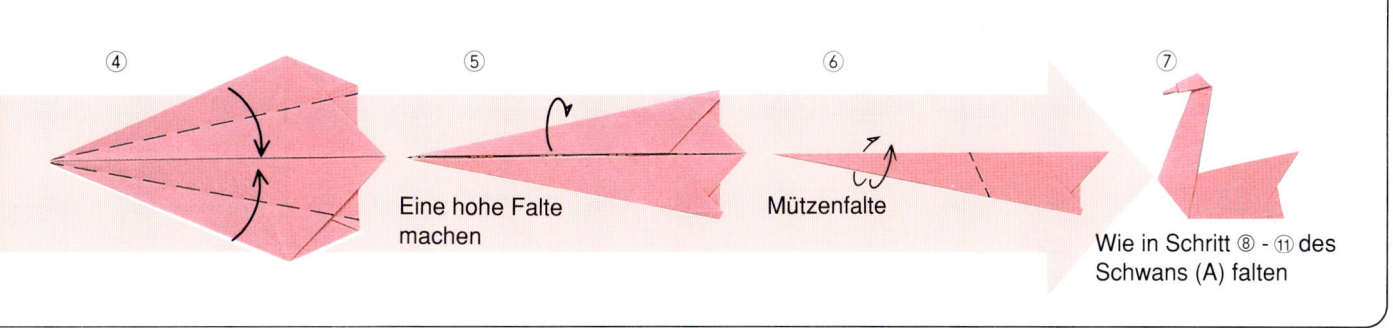

④
⑤ Eine hohe Falte machen
⑥ Mützenfalte
⑦ Wie in Schritt ⑧ - ⑪ des Schwans (A) falten

④
⑤ Mützenfalte
Wie in Schritt ⑧ - ⑨ des Schwans (A) falten
⑥
Abwandlung
Sie können am Schwanz eine Tütenfalte ausführen

Faltsymbole siehe Umschlaginnenseite

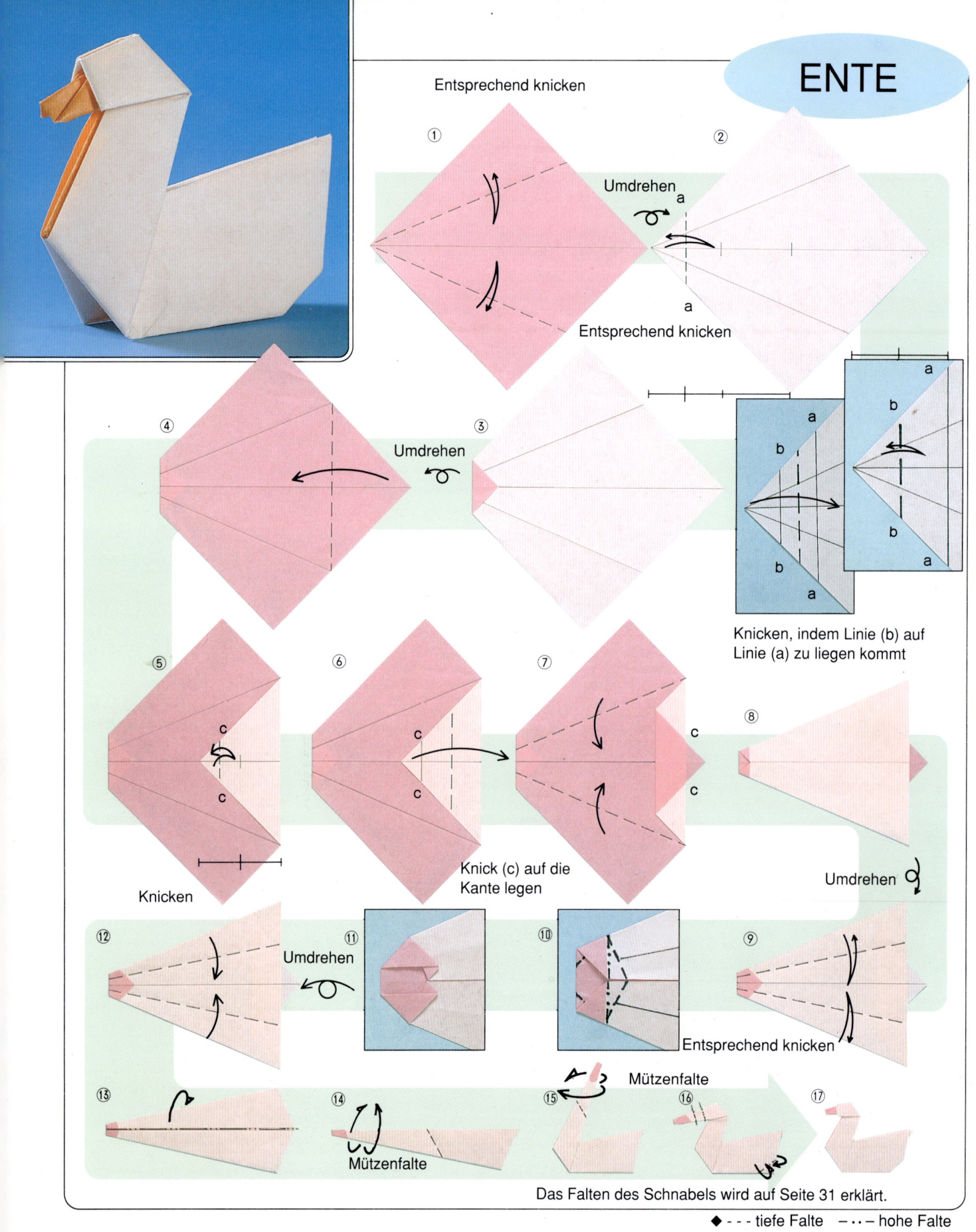

ENTE

Entsprechend knicken

① ② Umdrehen

Entsprechend knicken

④ Umdrehen ③

Knicken, indem Linie (b) auf Linie (a) zu liegen kommt

⑤ ⑥ ⑦ ⑧

Knicken

Knick (c) auf die Kante legen

Umdrehen

⑫ Umdrehen ⑪ ⑩ ⑨

Entsprechend knicken

Mützenfalte

⑬ ⑭ ⑮ ⑯ ⑰

Mützenfalte

Das Falten des Schnabels wird auf Seite 31 erklärt.

◆ - - - tiefe Falte   – · – hohe Falte

SPATZ

① Entsprechend knicken

Die Ecken zweimal
zur Mitte hin
② nach innen falten

③

④ Entfalten

⑤

⑥

⑦

⑧

⑨

Entfalten

⑩ Entsprechend knicken

⑪

Tütenfalte

⑫ Dieses Teil in den
Flügel hineinfalten

⑬ Dieselbe Faltung
auf der anderen
Seite vornehmen

⑭ Nach hinten falten und
die Spitze zwischen
die Flügelteile schieben

⑮ Mützenfalte

⑯ Das Falten des
Schnabels wird auf
Seite 31 erklärt

⑰

Faltsymbole siehe Umschlaginnenseite

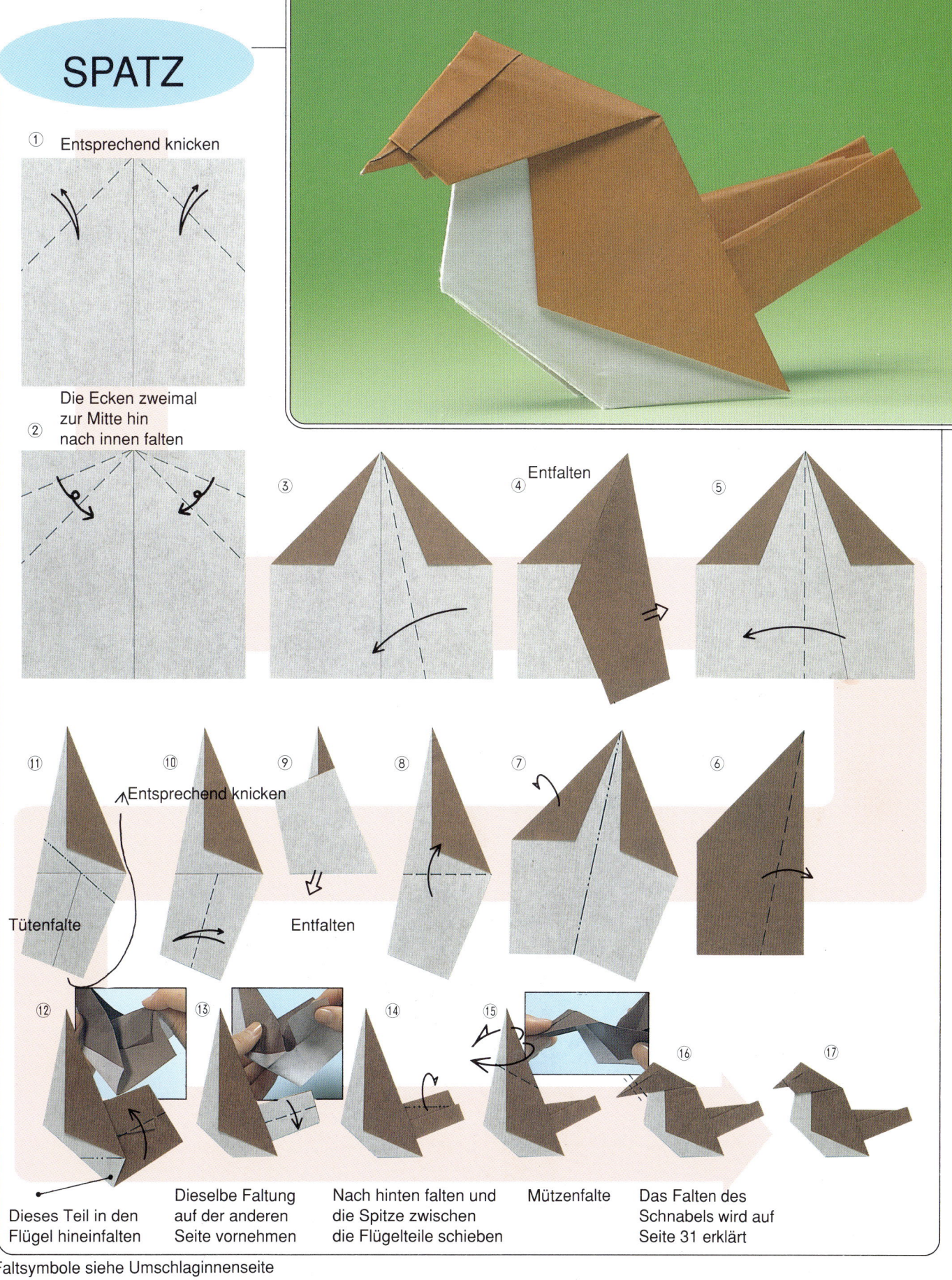

PFAU

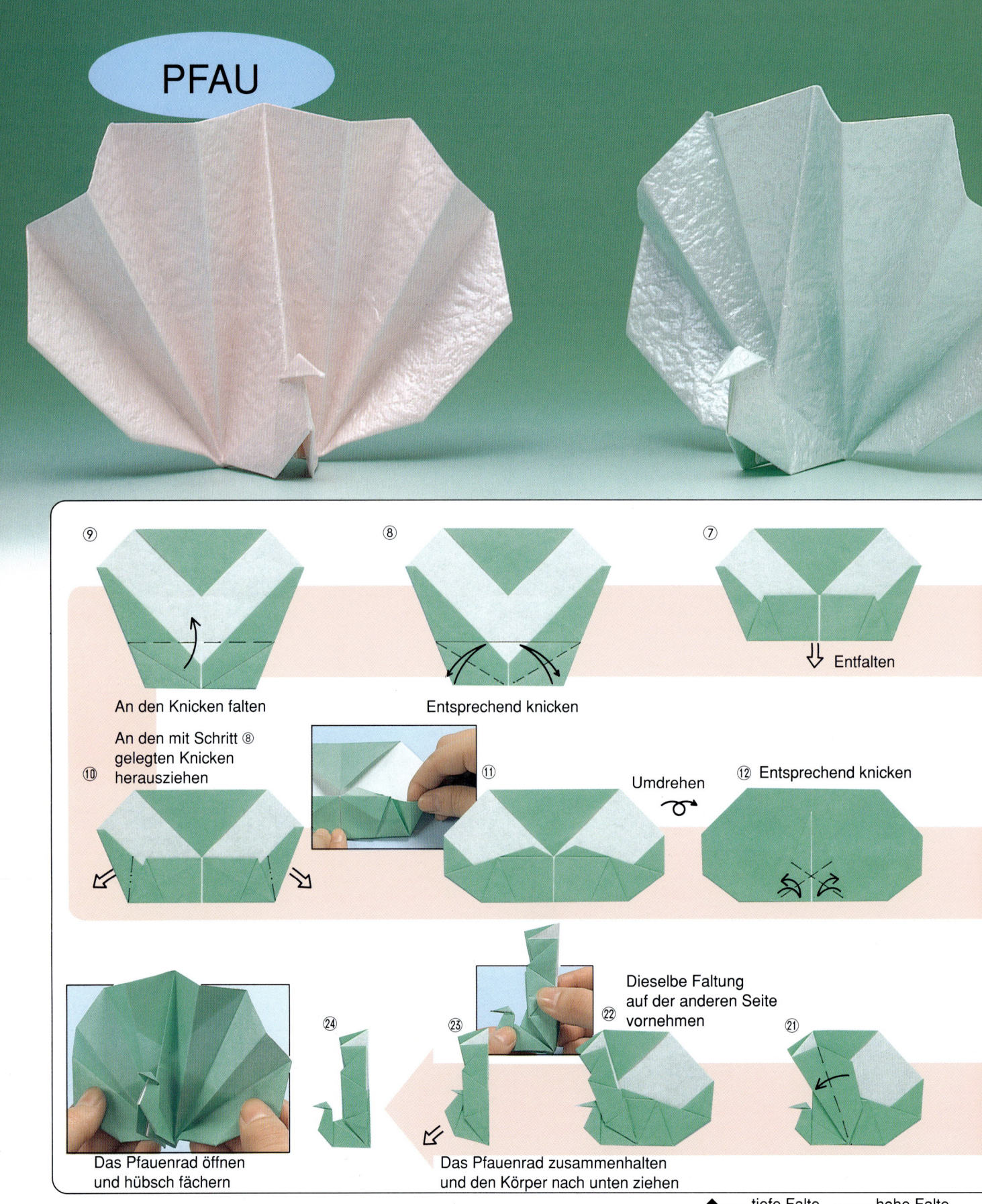

⑨ An den Knicken falten

⑧ Entsprechend knicken

⑦ Entfalten

⑩ An den mit Schritt ⑧ gelegten Knicken herausziehen

⑪

Umdrehen

⑫ Entsprechend knicken

Das Pfauenrad öffnen und hübsch fächern

㉔

㉓

㉒ Dieselbe Faltung auf der anderen Seite vornehmen

㉑

Das Pfauenrad zusammenhalten und den Körper nach unten ziehen

◆ - - - tiefe Falte   — · · — hohe Falte

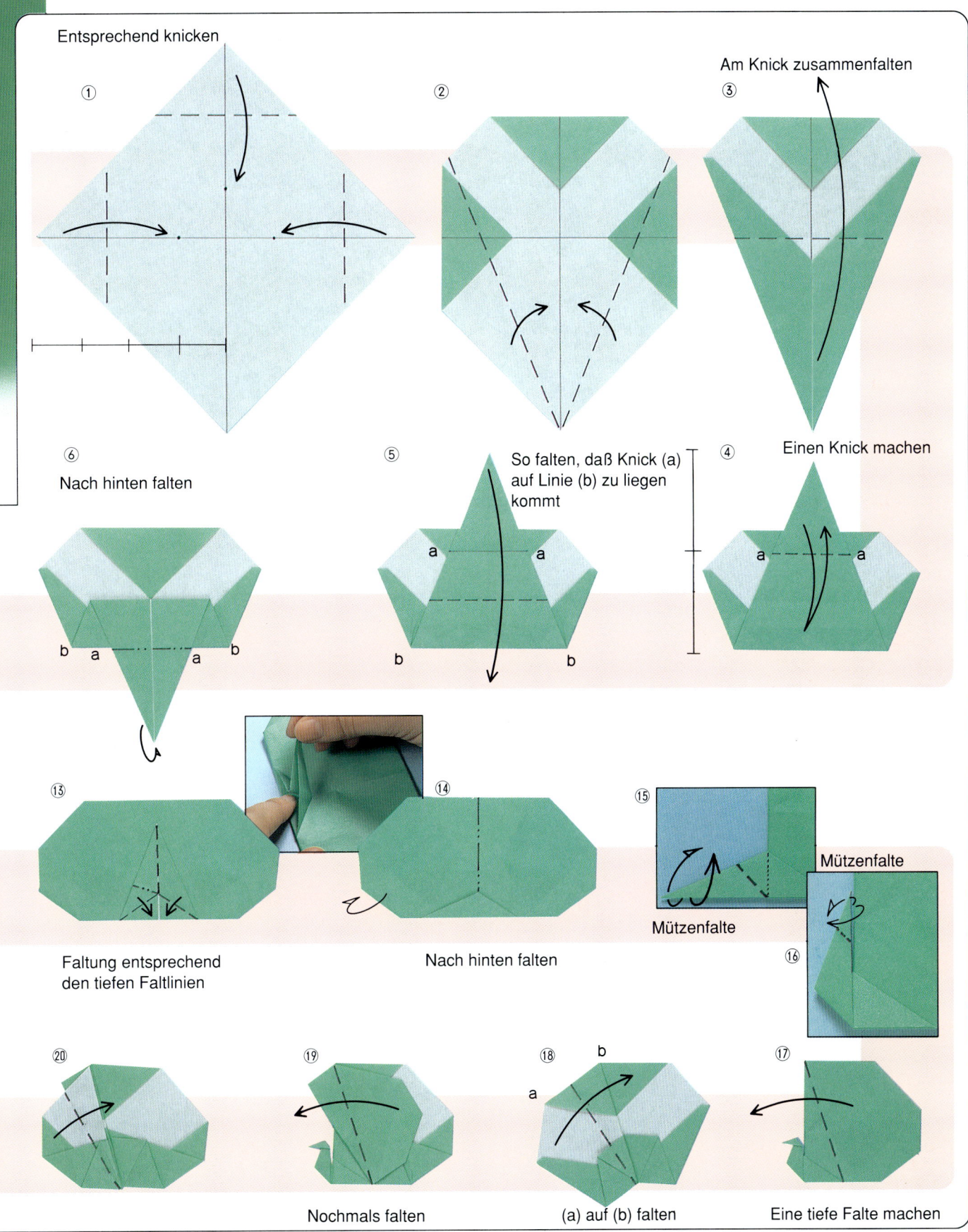

Entsprechend knicken

① ② ③ Am Knick zusammenfalten

④ Einen Knick machen

So falten, daß Knick (a) auf Linie (b) zu liegen kommt

⑤

a — — a

b b

⑥ Nach hinten falten

b a a b

⑬ Faltung entsprechend den tiefen Faltlinien

⑭ Nach hinten falten

⑮ Mützenfalte

Mützenfalte

⑯

⑰ Eine tiefe Falte machen

⑱ (a) auf (b) falten

a b

⑲ Nochmals falten

⑳

Faltsymbole siehe Umschlaginnenseite

WATSCHELNDE ENTEN

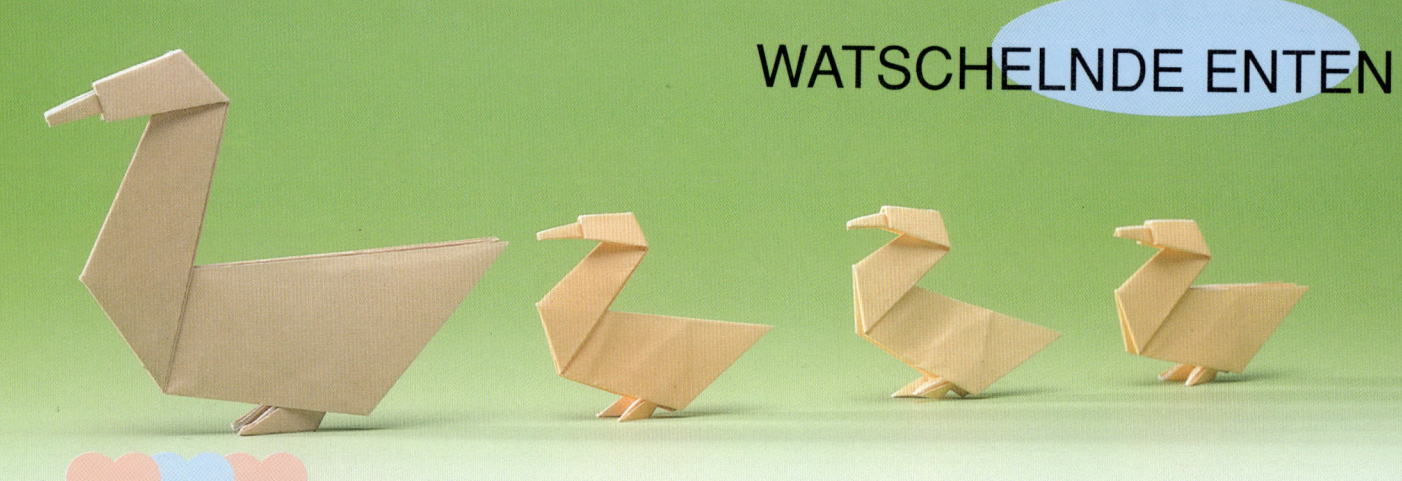

WATSCHELNDE ENTE

①
②
③
Die oberste Papierlage nach unten falten
⑫
a
⑪
⑩
(a) hochziehen und wie in Schritt ⑬ beschrieben falten
⑬
⑭
Mützenfalte
⑮
Mützenfalte
Dieselbe Faltung auf der anderen Seite vornehmen

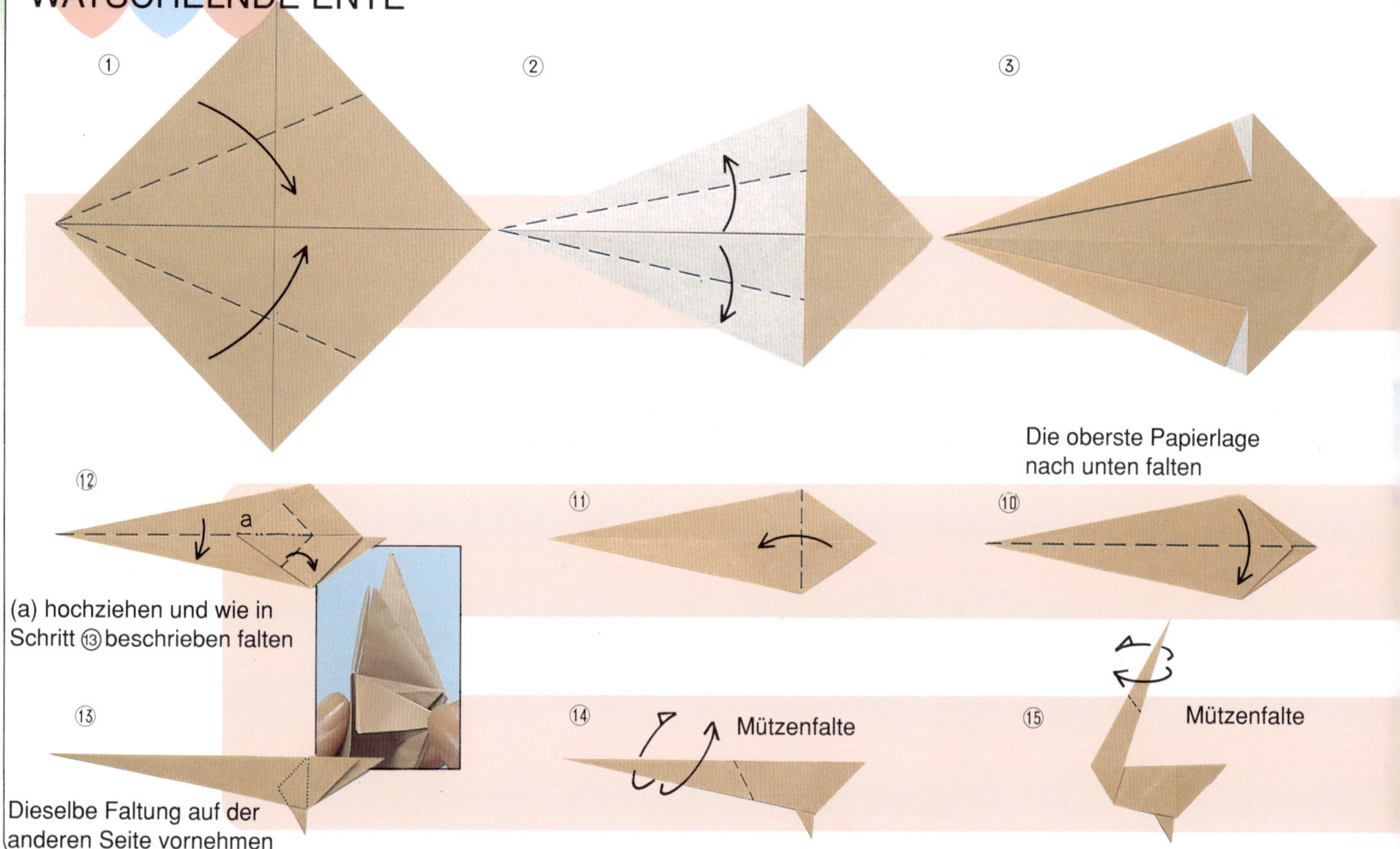

SCHWIMMENDE ENTE

Beginnen Sie mit Schritt ② wie oben gezeigt

①
②
③
Umdrehen
Mützenfalte
Zum Falten soll die weiße Seite des Papiers oben liegen

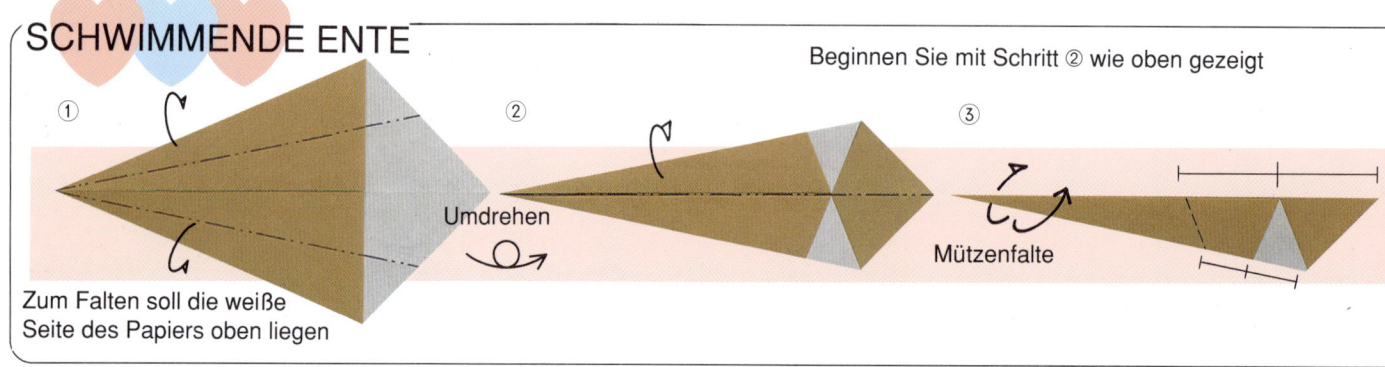

◆ - - - tiefe Falte – · · – hohe Falte

SCHWIMMENDE ENTEN

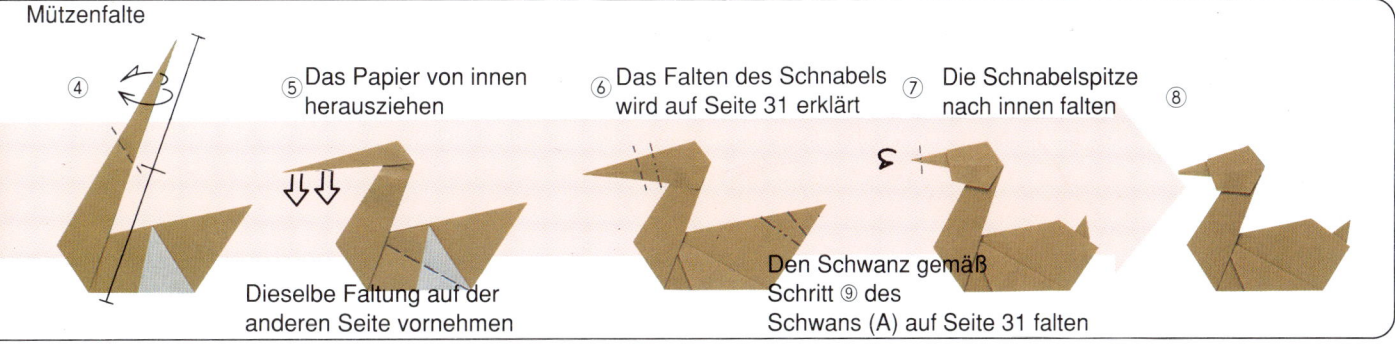

④
Umdrehen
⑤
Entsprechend knicken
⑥
⑦
Tütenfalte
⑧
Umdrehen
Tütenfalte
⑨
⑯ Das Falten des Schnabels wird auf Seite 31 erklärt
⑰ Die Schnabelspitze nach innen falten
Das Bein falten
⑱
⑲
⑳
Dieselbe Faltung auf der anderen Seite vornehmen

Mützenfalte
④
⑤ Das Papier von innen herausziehen
Dieselbe Faltung auf der anderen Seite vornehmen
⑥ Das Falten des Schnabels wird auf Seite 31 erklärt
⑦ Die Schnabelspitze nach innen falten
Den Schwanz gemäß Schritt ⑨ des Schwans (A) auf Seite 31 falten
⑧

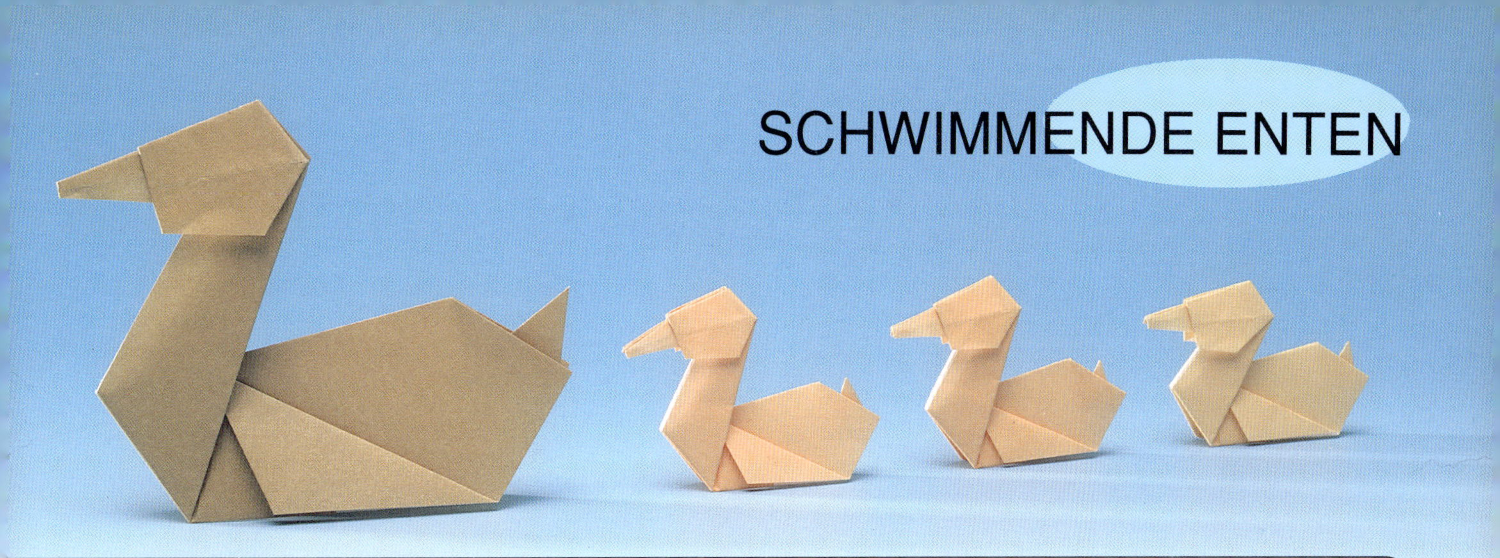

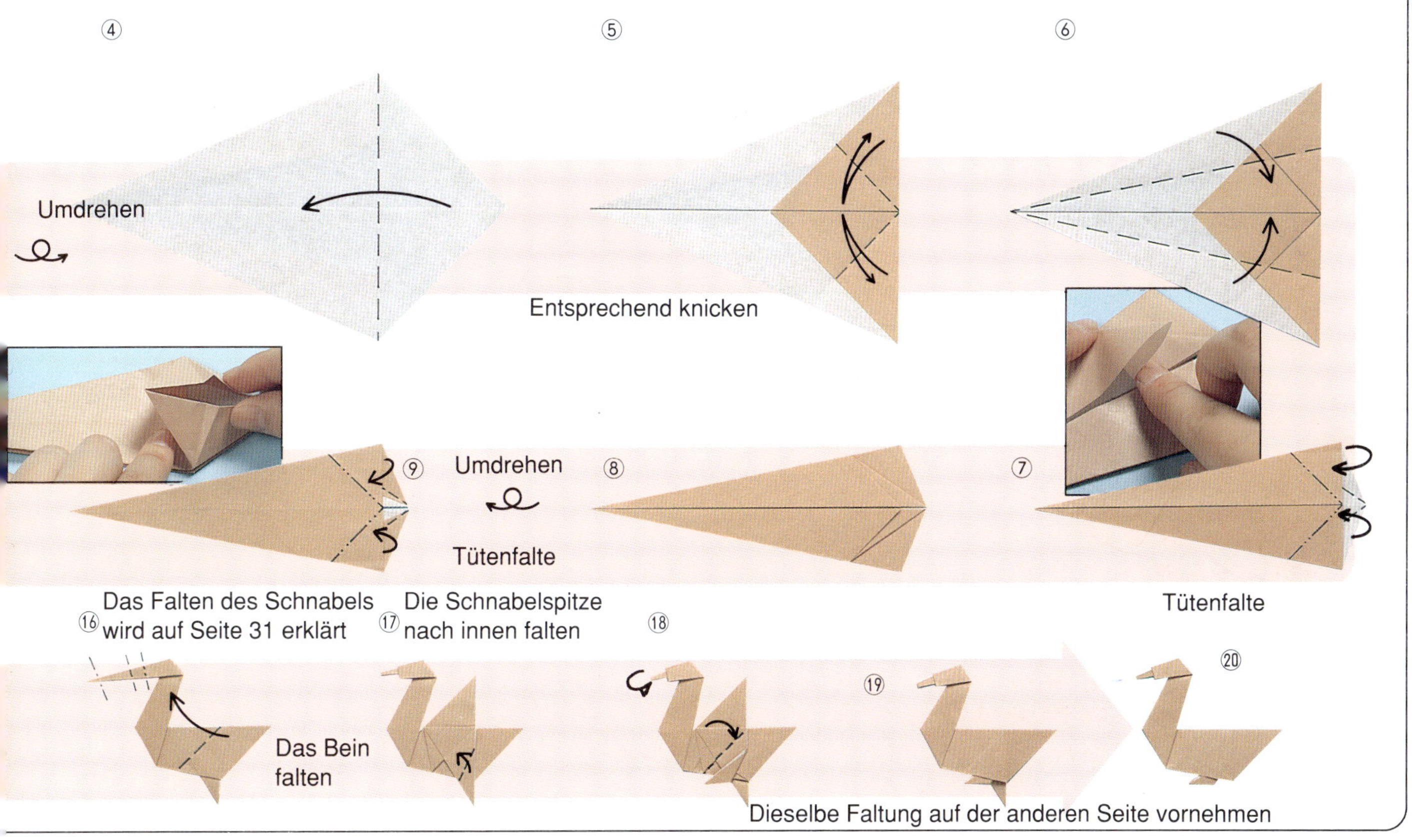

Faltsymbole siehe Umschlaginnenseite

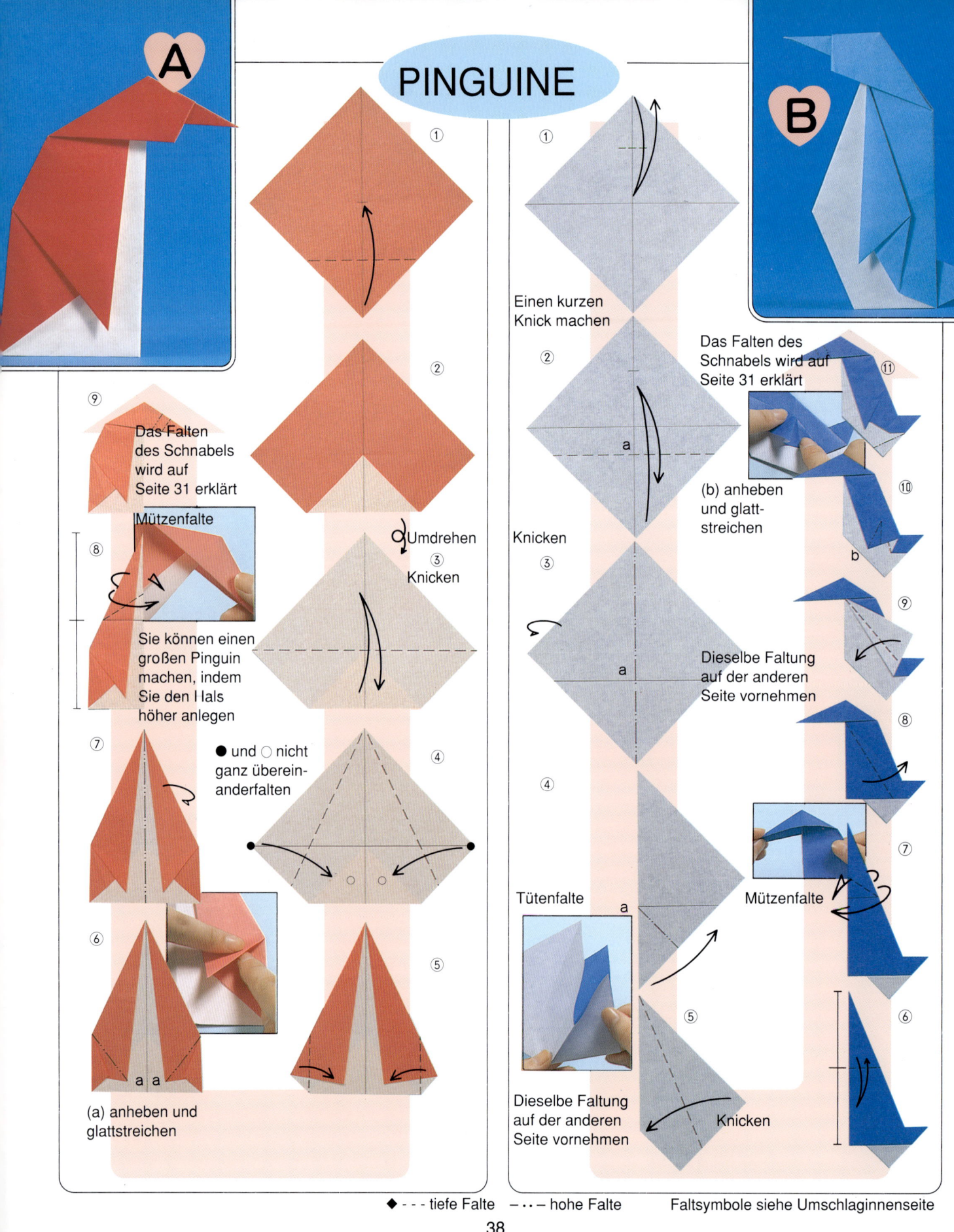

PINGUINE

A

B

①

②

Umdrehen
③ Knicken

● und ○ nicht
ganz überein-
anderfalten

④

⑤

⑨ Das Falten
des Schnabels
wird auf
Seite 31 erklärt

Mützenfalte

⑧

Sie können einen
großen Pinguin
machen, indem
Sie den Hals
höher anlegen

⑦

⑥

(a) anheben und
glattstreichen

Einen kurzen
Knick machen

①

② a

Knicken

③ a

④

Tütenfalte

a

⑤ Knicken

Dieselbe Faltung
auf der anderen
Seite vornehmen

Das Falten des
Schnabels wird auf
Seite 31 erklärt

⑪

(b) anheben
und glatt-
streichen

⑩

b

⑨

Dieselbe Faltung
auf der anderen
Seite vornehmen

⑧

⑦

Mützenfalte

⑥

◆ - - - tiefe Falte   — · — hohe Falte   Faltsymbole siehe Umschlaginnenseite

38

3

FISCHE, INSEKTEN, BLUMEN

GOLDFISCH

Beginnen Sie mit Schritt ⑥ des Fuchses auf Seite 16.

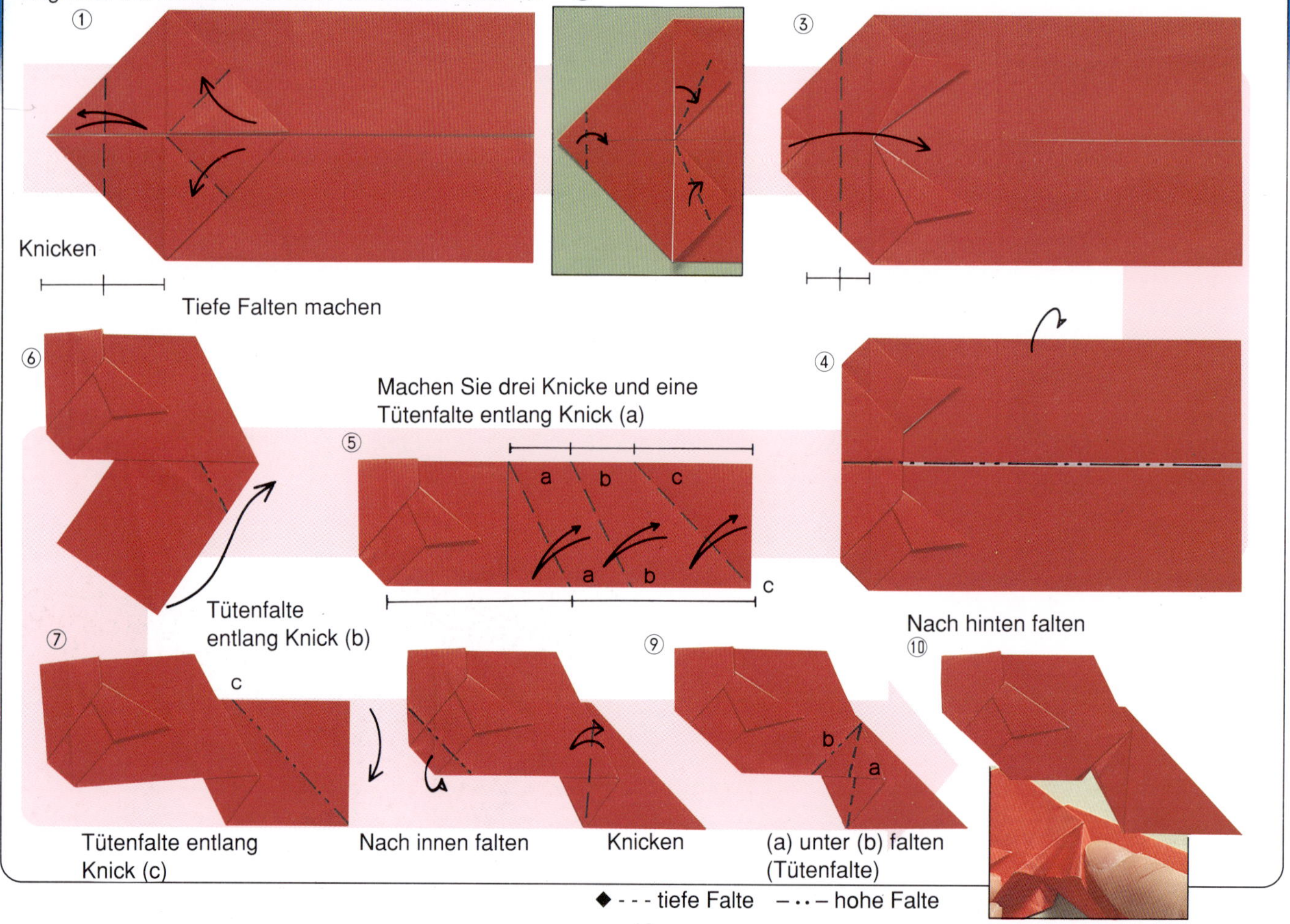

① ② ③

Knicken

Tiefe Falten machen

⑥

Machen Sie drei Knicke und eine Tütenfalte entlang Knick (a)

⑤

a b c

a b c

④

Tütenfalte entlang Knick (b)

Nach hinten falten

⑦

c

⑨

b a

⑩

Tütenfalte entlang Knick (c)

Nach innen falten

Knicken

(a) unter (b) falten (Tütenfalte)

◆ - - - tiefe Falte   − · − hohe Falte

RAHMEN FÜR MOBILE

Dieser Rahmen kann benutzt werden, um den Goldfisch zur Schau zu stellen.

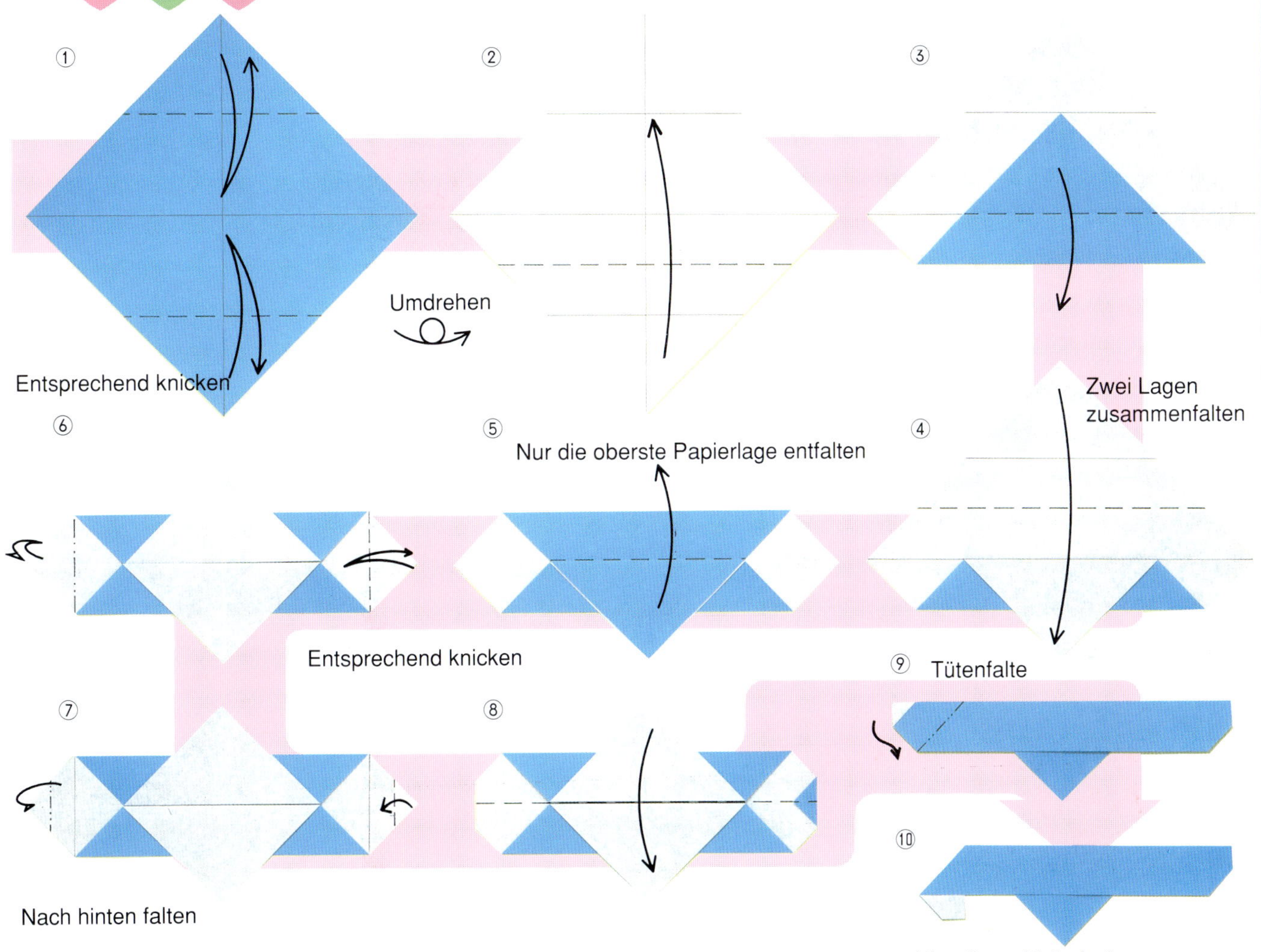

① Entsprechend knicken

Umdrehen

②

③ Zwei Lagen zusammenfalten

④

⑤ Nur die oberste Papierlage entfalten

⑥ Entsprechend knicken

⑦ Nach hinten falten

⑧

⑨ Tütenfalte

⑩ Vier dieser Teile fertigen.

ZUSAMMENSETZUNG

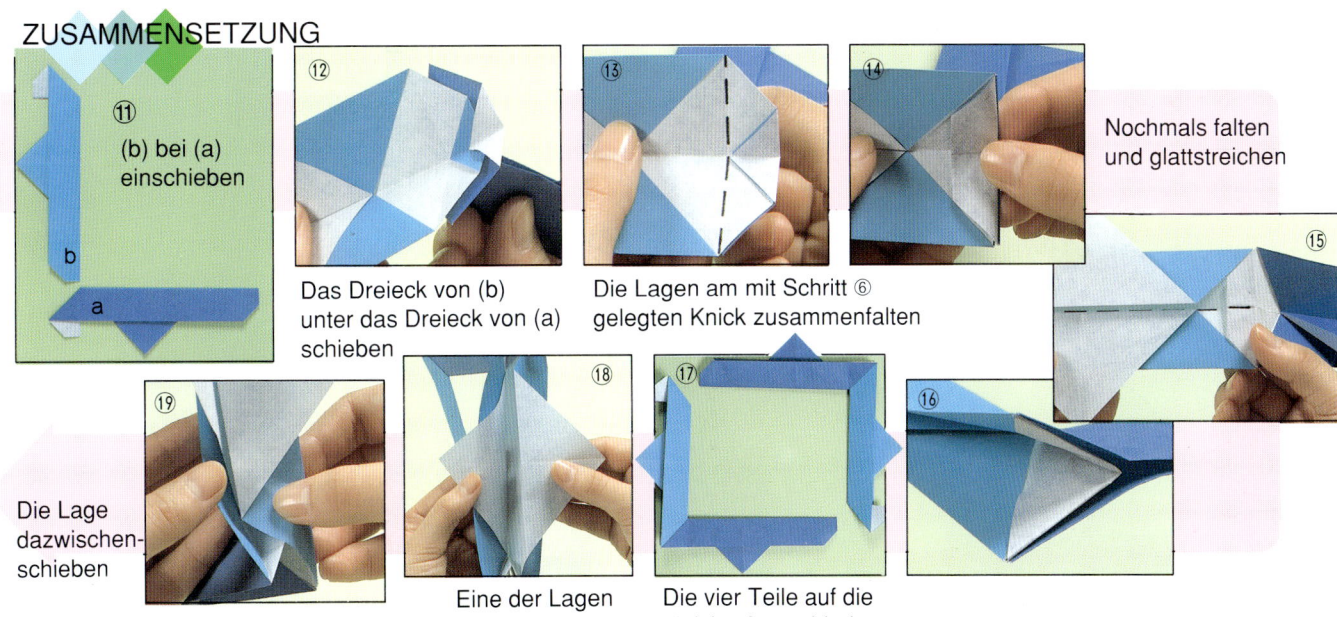

⑪ (b) bei (a) einschieben

b

a

⑫ Das Dreieck von (b) unter das Dreieck von (a) schieben

⑬ Die Lagen am mit Schritt ⑥ gelegten Knick zusammenfalten

⑭ Nochmals falten und glattstreichen

⑮

⑯

⑰ Die vier Teile auf die gleiche Art verbinden

⑱ Eine der Lagen herausziehen

⑲ Die Lage dazwischenschieben

Faltsymbole siehe Umschlaginnenseite

41

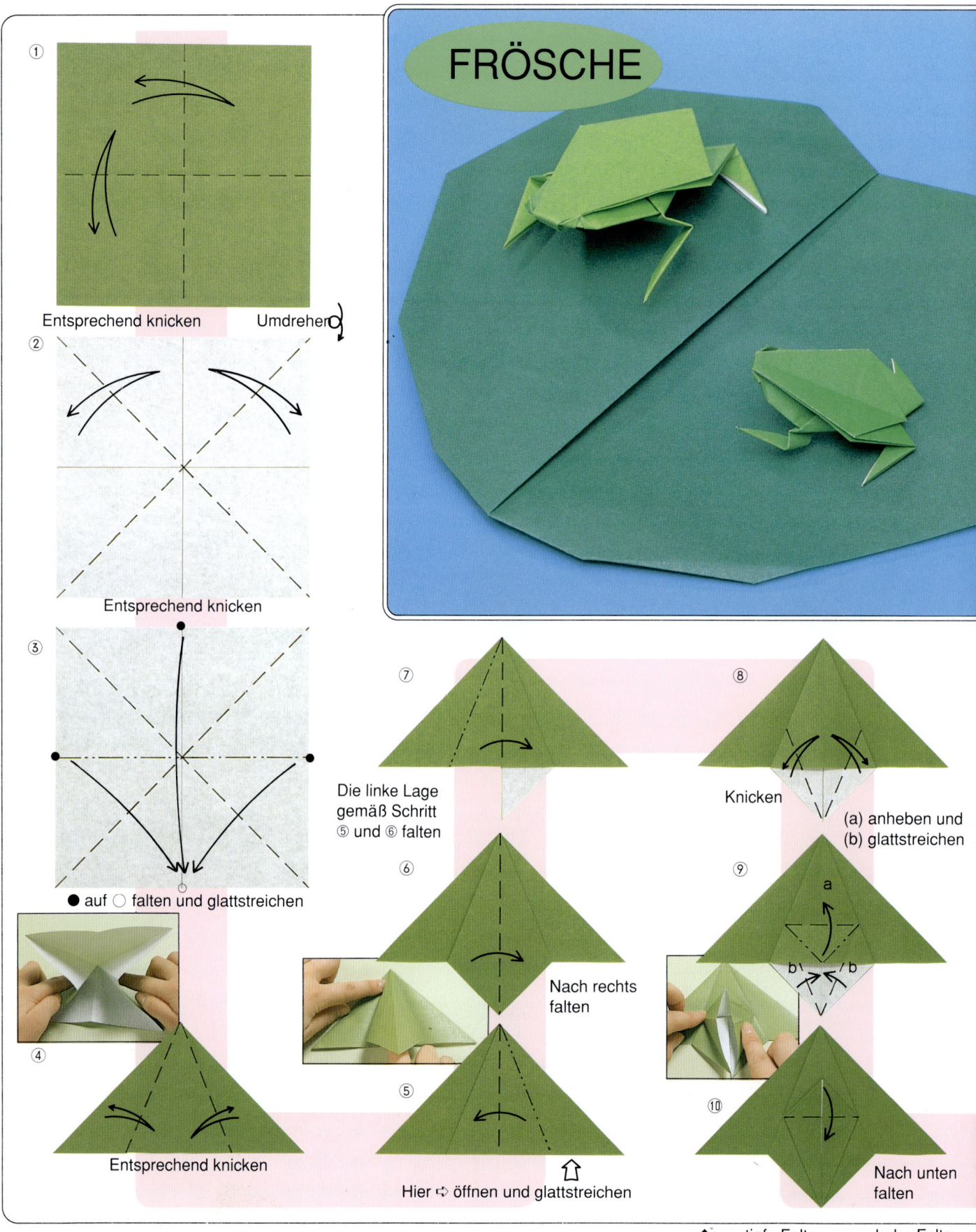

① Entsprechend knicken　Umdrehen

② Entsprechend knicken

③ ● auf ○ falten und glattstreichen

④ Entsprechend knicken

FRÖSCHE

⑦ Die linke Lage gemäß Schritt ⑤ und ⑥ falten

⑥ Nach rechts falten

⑤ Hier ⇨ öffnen und glattstreichen

⑧ Knicken
(a) anheben und
(b) glattstreichen

⑨

⑩ Nach unten falten

◆ - - - tiefe Falte　　– · · – hohe Falte

42

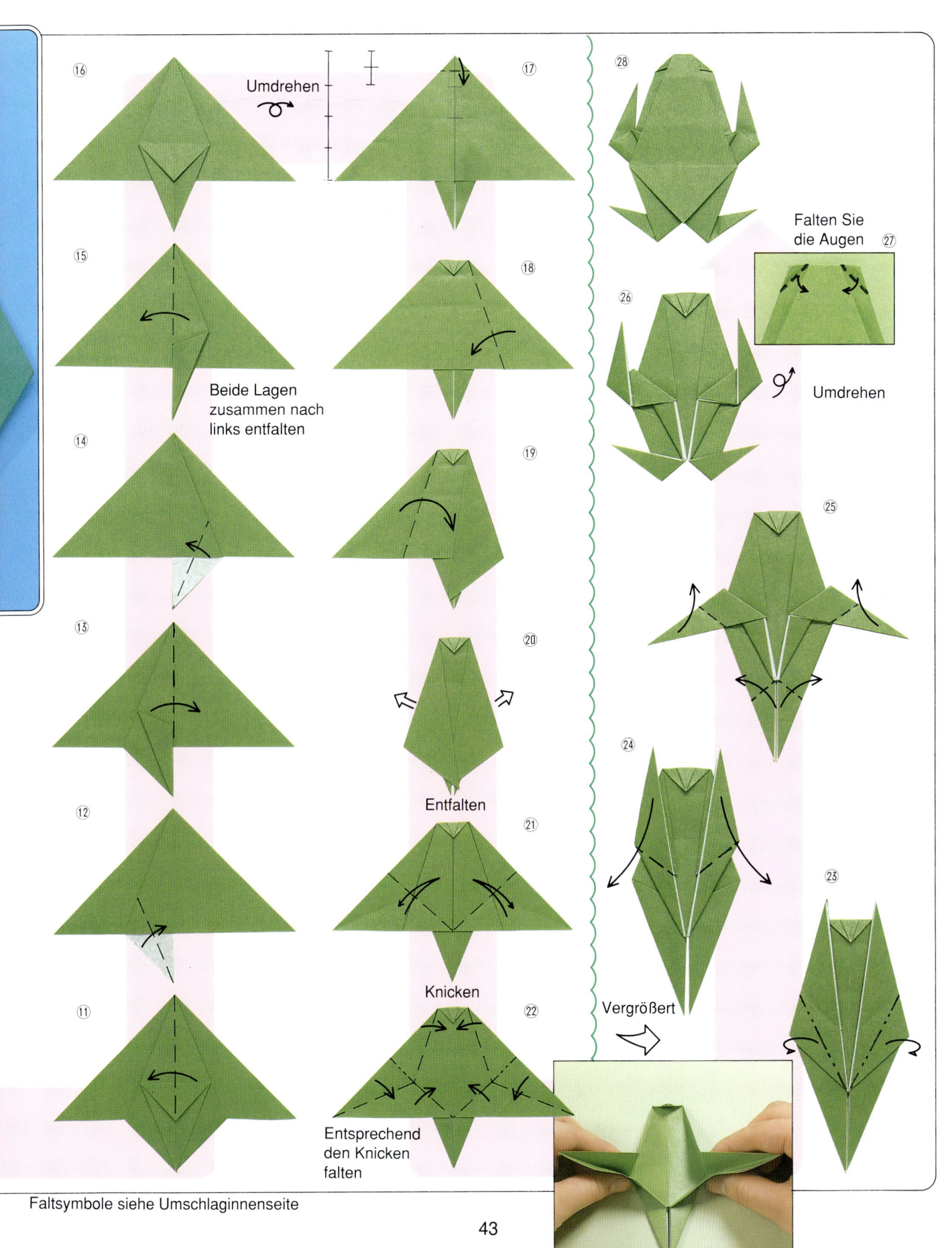

⑯

Umdrehen

⑰

⑮

Beide Lagen
zusammen nach
links entfalten

⑭

⑬

⑫

⑪

⑱

⑲

⑳

Entfalten

㉑

Knicken

㉒

Entsprechend
den Knicken
falten

Vergrößert

㉘

Falten Sie
die Augen ㉗

㉖

Umdrehen

㉕

㉔

㉓

SCHMETTERLINGE (A) & (B)

Beginnen Sie mit dem Katamaran
auf Seite 45.

① Die oberste Papierlage nach links falten

② Zusammendrücken und glattstreichen

③ Die linken Papierlagen
gemäß Schritt ① - ② falten

④ Die oberste Lage
am Knick falten

⑤ Nochmals falten

⑥ Die andere Lage nach links falten

⑦ Die linke Lage am Knick falten

⑧ Nochmals falten

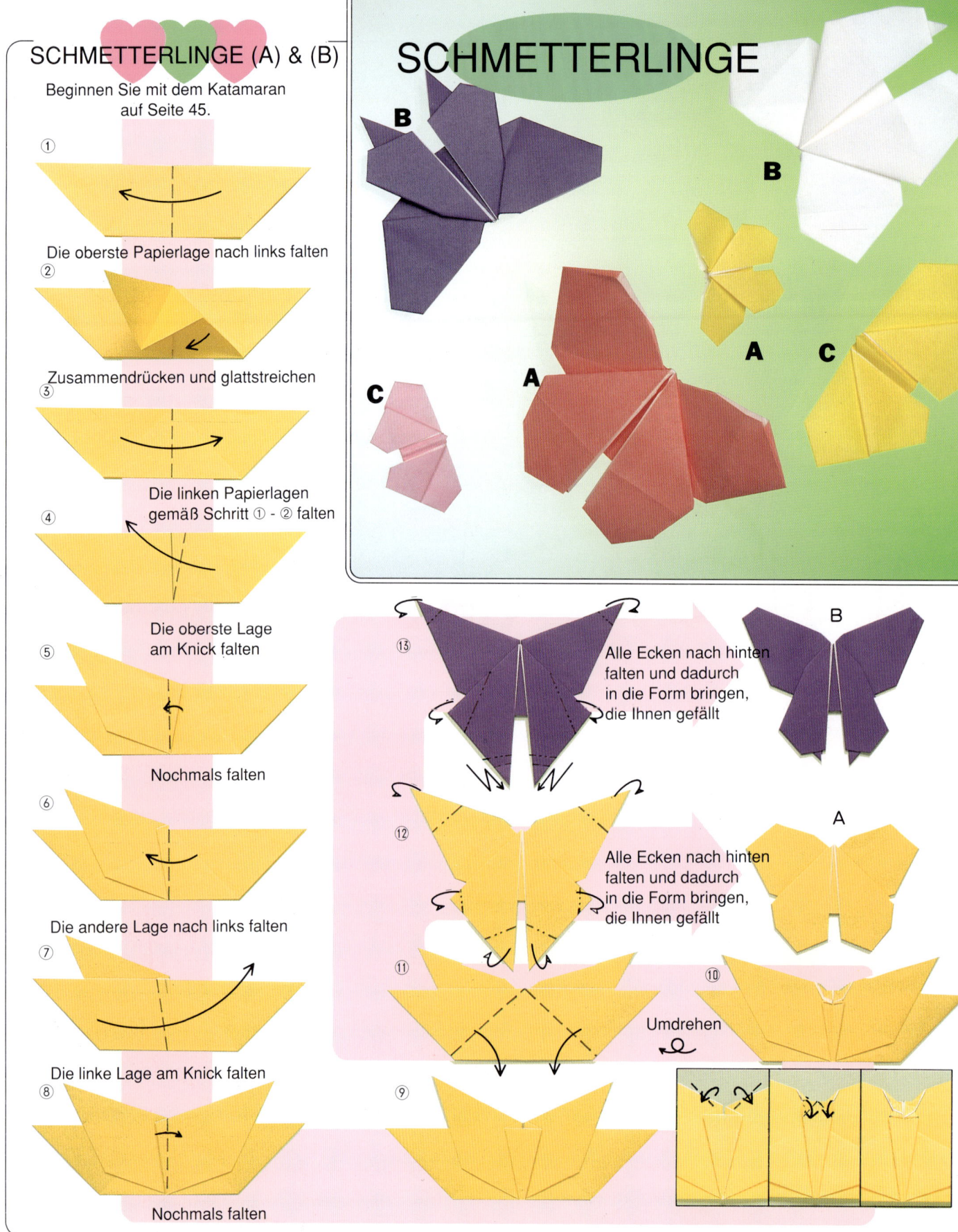

SCHMETTERLINGE

B
B
A
C
C
C

⑬ Alle Ecken nach hinten
falten und dadurch
in die Form bringen,
die Ihnen gefällt

B

⑫ Alle Ecken nach hinten
falten und dadurch
in die Form bringen,
die Ihnen gefällt

A

⑪

⑩ Umdrehen

⑨

◆ - - - tiefe Falte   — · · — hohe Falte

SCHMETTERLING (C)

Benutzen Sie ein kleines Blatt Papier,
es ist leicht zu falten.

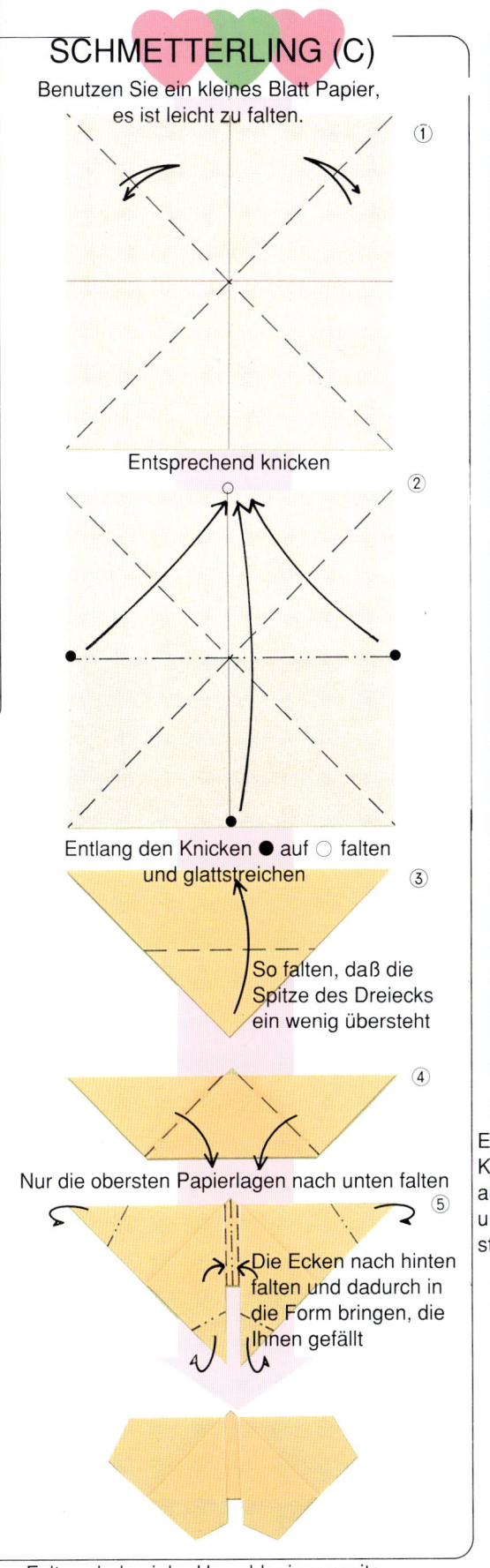

Entsprechend knicken

Entlang den Knicken ● auf ○ falten
und glattstreichen

So falten, daß die
Spitze des Dreiecks
ein wenig übersteht

Nur die obersten Papierlagen nach unten falten

Die Ecken nach hinten
falten und dadurch in
die Form bringen, die
Ihnen gefällt

Faltsymbole siehe Umschlaginnenseite

KATAMARAN
(Traditionell)

① ② 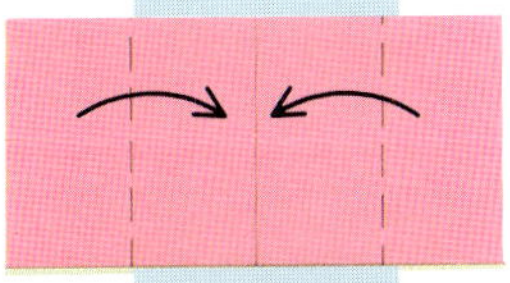 ③ 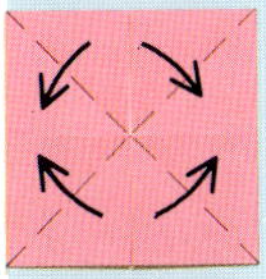 ④

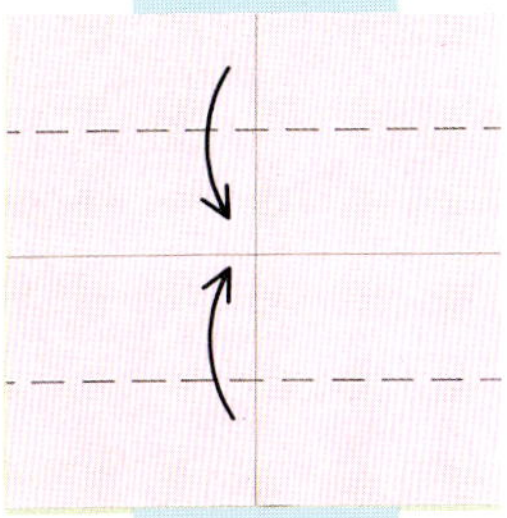

Entfalten

⑤

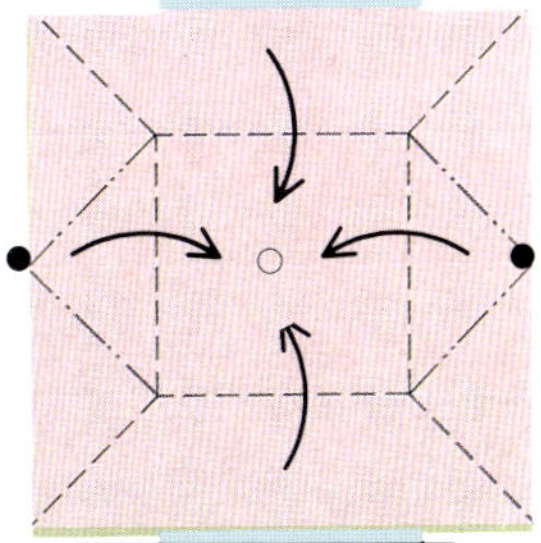

Entlang den
Knicken ●
auf ○ falten
und glatt-
streichen

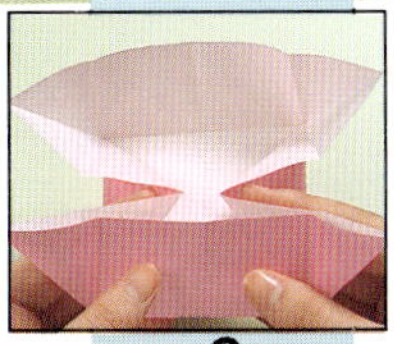

⑥

⑦

SEGEL
(Traditionell)

Beginnen Sie mit Schritt ⑥
des Katamarans.

① ②

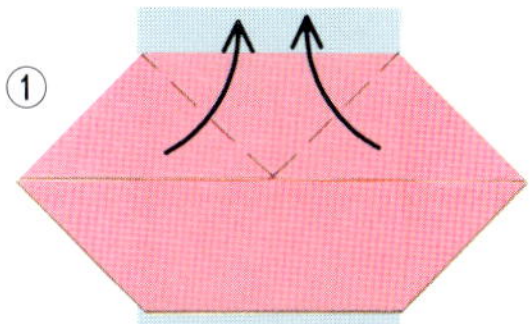

Umdrehen

③ ④

WINDMÜHLE
(Traditionell)

Beginnen Sie mit Schritt ⑥
des Katamarans.

① ②

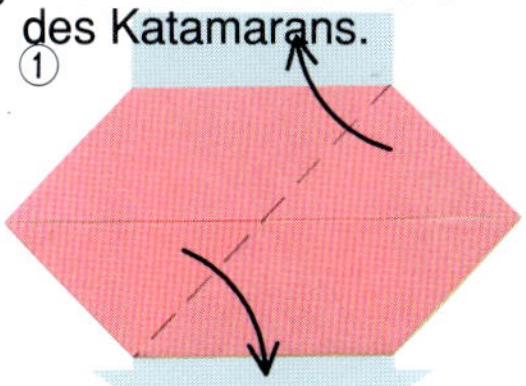

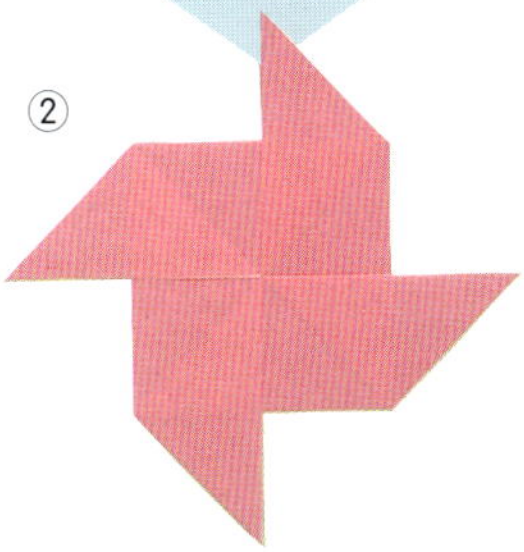

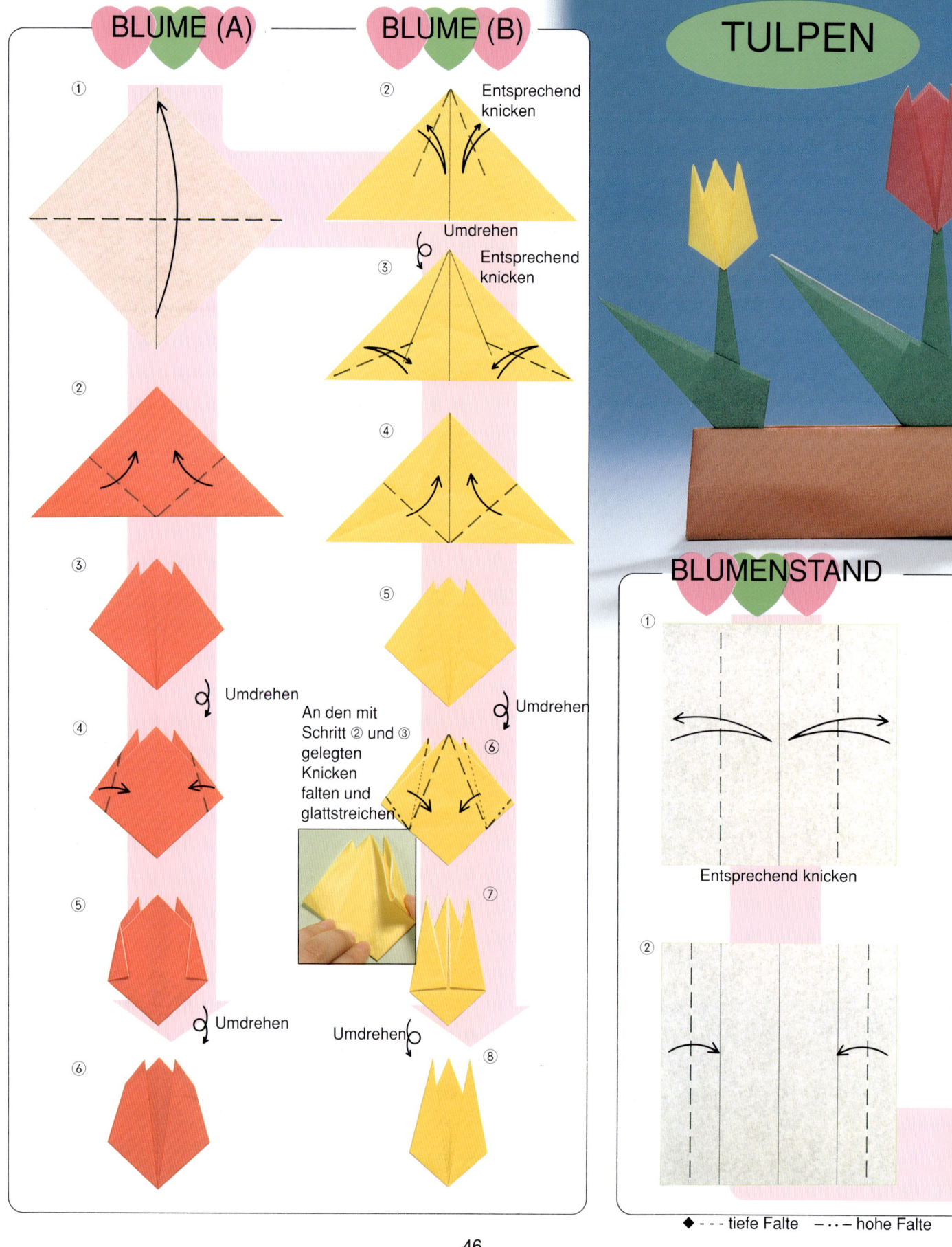

BLUME (A)

①

②

③

④ Umdrehen

⑤ Umdrehen

⑥

BLUME (B)

② Entsprechend knicken

Umdrehen

③ Entsprechend knicken

④

⑤ Umdrehen

An den mit Schritt ② und ③ gelegten Knicken falten und glattstreichen

⑥

⑦

Umdrehen ⑧

BLUMENSTAND

① Entsprechend knicken

②

◆ - - - tiefe Falte   — · — hohe Falte

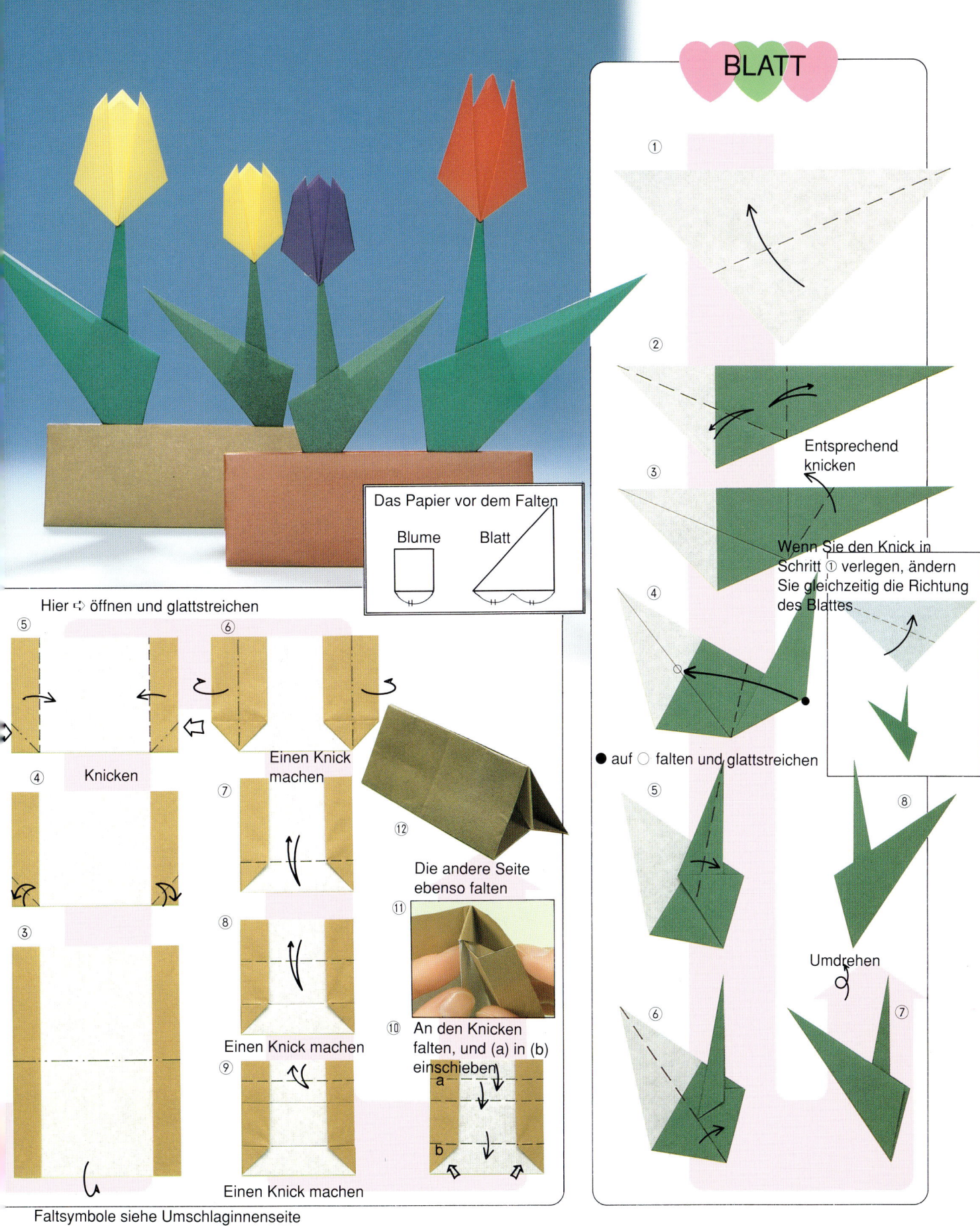

BLATT

①

② Entsprechend knicken

③ Wenn Sie den Knick in Schritt ① verlegen, ändern Sie gleichzeitig die Richtung des Blattes

④ ● auf ○ falten und glattstreichen

⑤

⑥

⑦

⑧

Umdrehen

Das Papier vor dem Falten

Blume	Blatt

Hier ⟳ öffnen und glattstreichen

⑤

⑥

④ Knicken

Einen Knick machen

⑦

⑫

⑧

Die andere Seite ebenso falten

⑪

③

Einen Knick machen

⑨

⑩ An den Knicken falten, und (a) in (b) einschieben

a

b

Einen Knick machen

Faltsymbole siehe Umschlaginnenseite

47

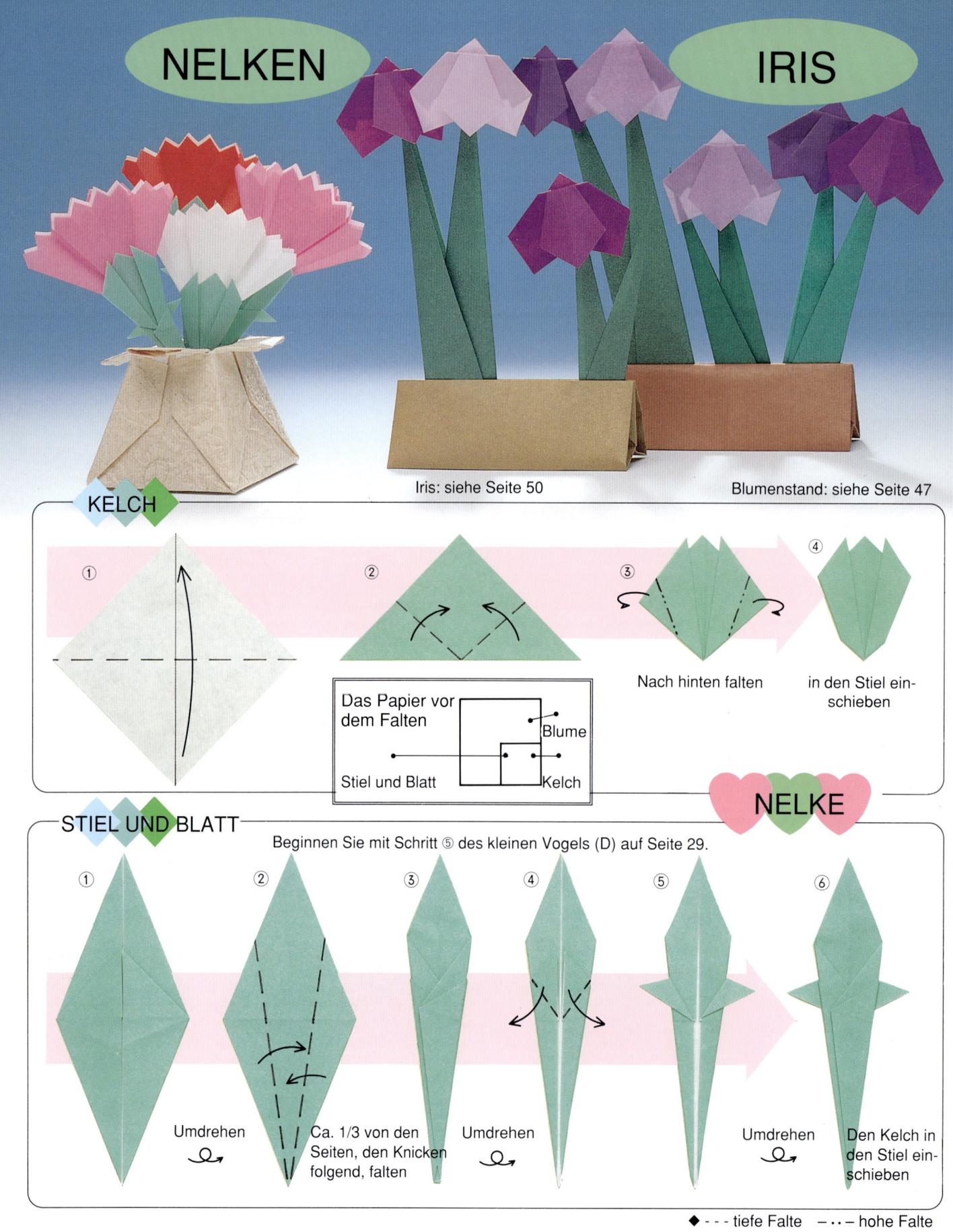

NELKEN

IRIS

Iris: siehe Seite 50

Blumenstand: siehe Seite 47

KELCH

① ② ③ ④

Nach hinten falten

in den Stiel einschieben

Das Papier vor dem Falten

Blume

Stiel und Blatt

Kelch

NELKE

STIEL UND BLATT

Beginnen Sie mit Schritt ⑤ des kleinen Vogels (D) auf Seite 29.

① ② ③ ④ ⑤ ⑥

Umdrehen

Ca. 1/3 von den Seiten, den Knicken folgend, falten

Umdrehen

Umdrehen

Den Kelch in den Stiel einschieben

◆ - - - tiefe Falte   – · · – hohe Falte

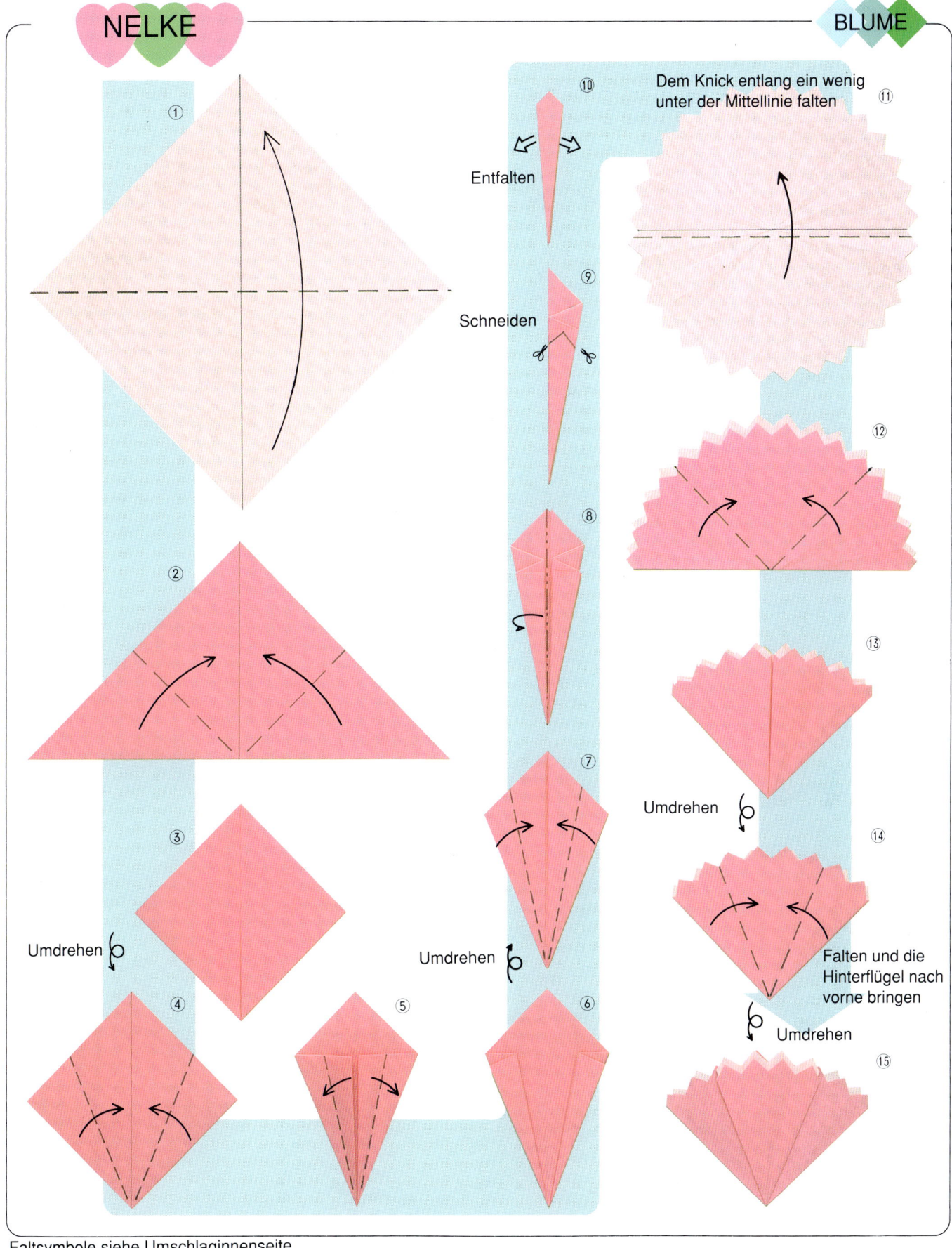

① ② ③

Umdrehen

④ ⑤ ⑥

⑦

Umdrehen

⑧

⑨ Schneiden

⑩ Entfalten

⑪ Dem Knick entlang ein wenig unter der Mittellinie falten

⑫ ⑬

Umdrehen

⑭ Falten und die Hinterflügel nach vorne bringen

Umdrehen

⑮

Faltsymbole siehe Umschlaginnenseite

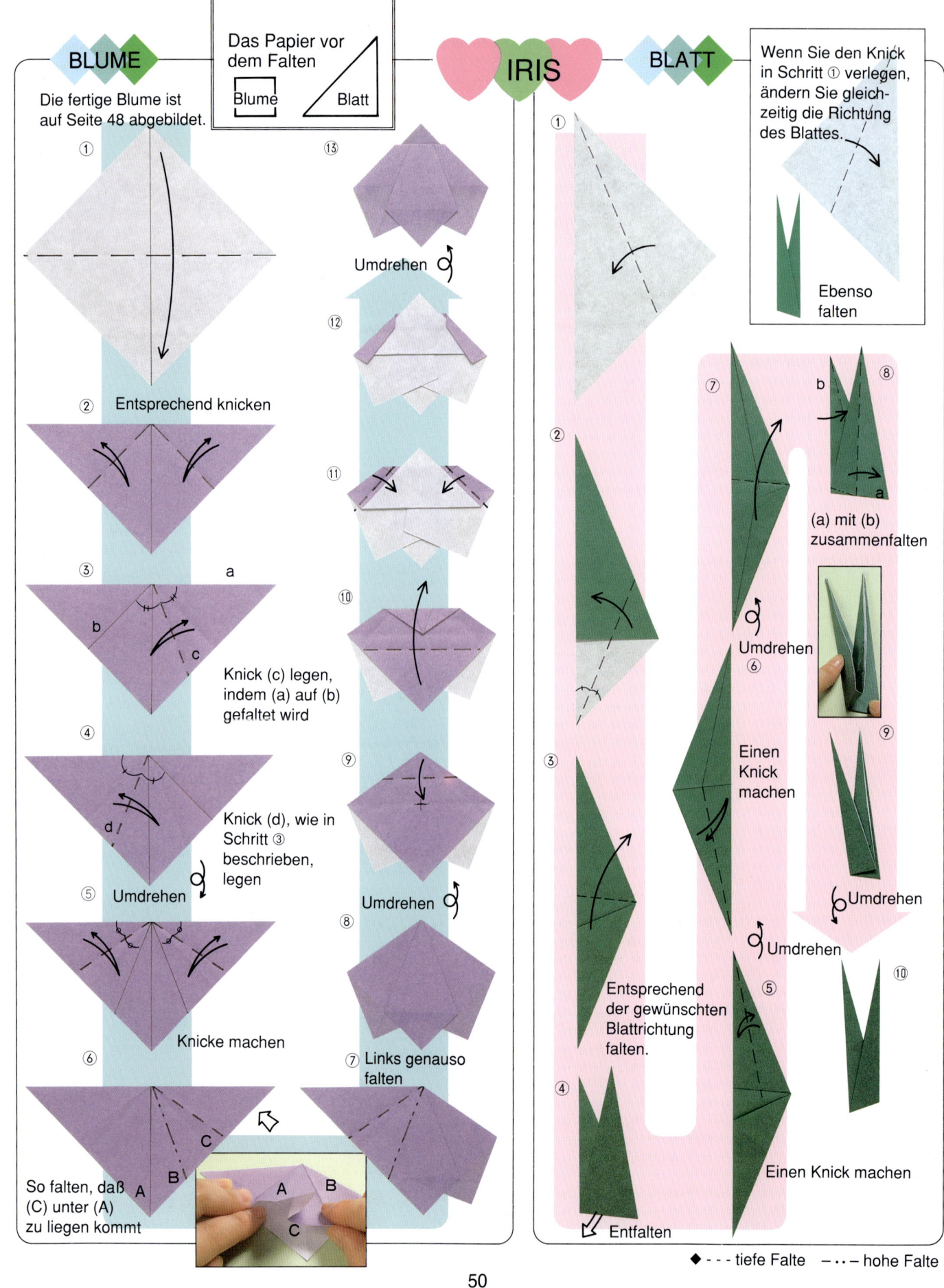

Das Papier vor dem Falten

Blume

Blatt

IRIS

Die fertige Blume ist auf Seite 48 abgebildet.

① ② Entsprechend knicken

③ a
b c

Knick (c) legen, indem (a) auf (b) gefaltet wird

④ Knick (d), wie in Schritt ③ beschrieben, legen

d

⑤ Umdrehen

Knicke machen

⑥ So falten, daß (C) unter (A) zu liegen kommt

C B A

A B C

⑬ Umdrehen

⑫

⑪

⑩

⑨ Umdrehen

⑧

⑦ Links genauso falten

Wenn Sie den Knick in Schritt ① verlegen, ändern Sie gleichzeitig die Richtung des Blattes.

Ebenso falten

① ② ③ Entsprechend der gewünschten Blattrichtung falten.

④ Entfalten

⑤ Einen Knick machen

⑥ Umdrehen

Einen Knick machen

Umdrehen

⑦ ⑧ b a

(a) mit (b) zusammenfalten

⑨

Umdrehen

⑩

◆--- tiefe Falte --·-- hohe Falte

50

4
PRAKTISCHES ORIGAMI

SCHACHTEL, GRUNDFORM UND ABWANDLUNGEN

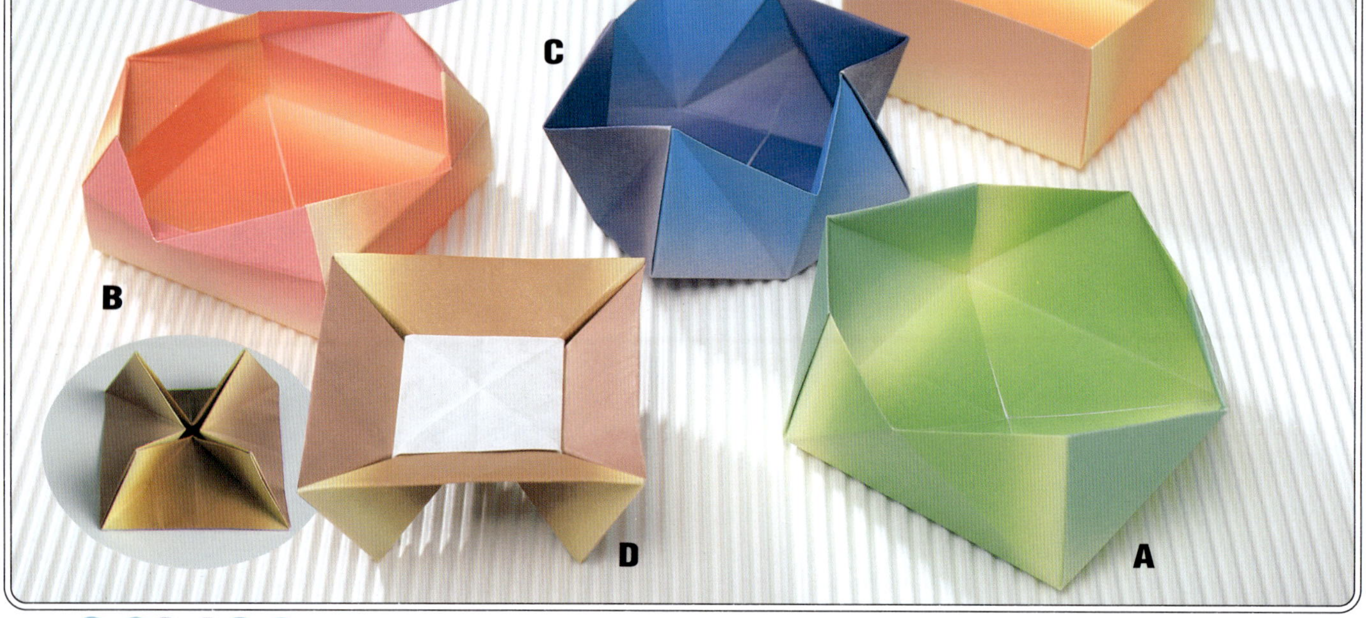

C

B

D

A

SCHACHTEL GRUNDFORM

Scharfe Knicke machen

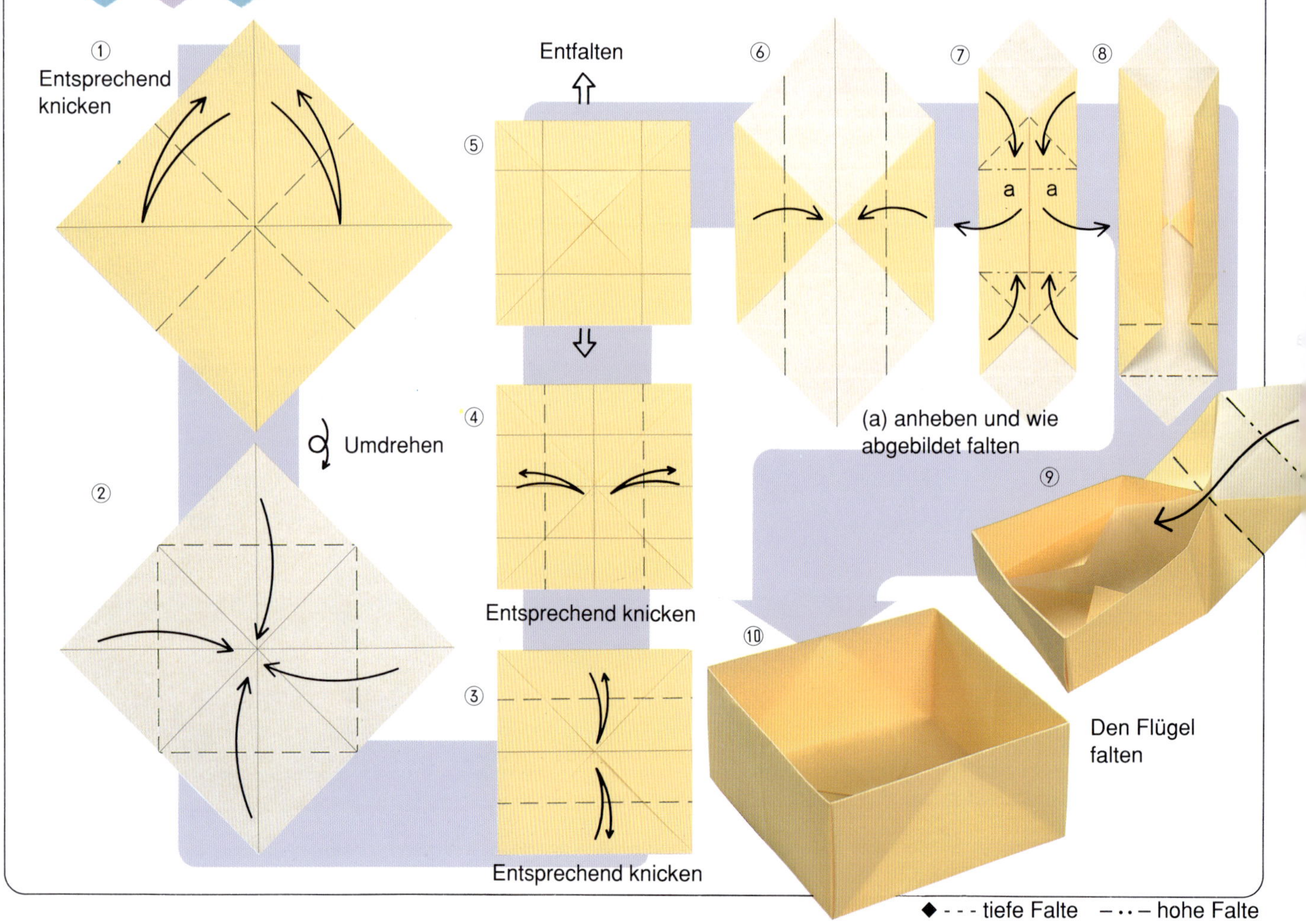

① Entsprechend knicken

Entfalten

⑥

⑦

⑧

a a

⑤

(a) anheben und wie abgebildet falten

② Umdrehen

④

Entsprechend knicken

⑨

③

Entsprechend knicken

⑩

Den Flügel falten

◆ - - - tiefe Falte   − · − hohe Falte

52

Beginnen Sie mit Schritt ⑤ auf Seite 52. Die Knicke entsprechend machen, und die Schachteln genauso fertigen.

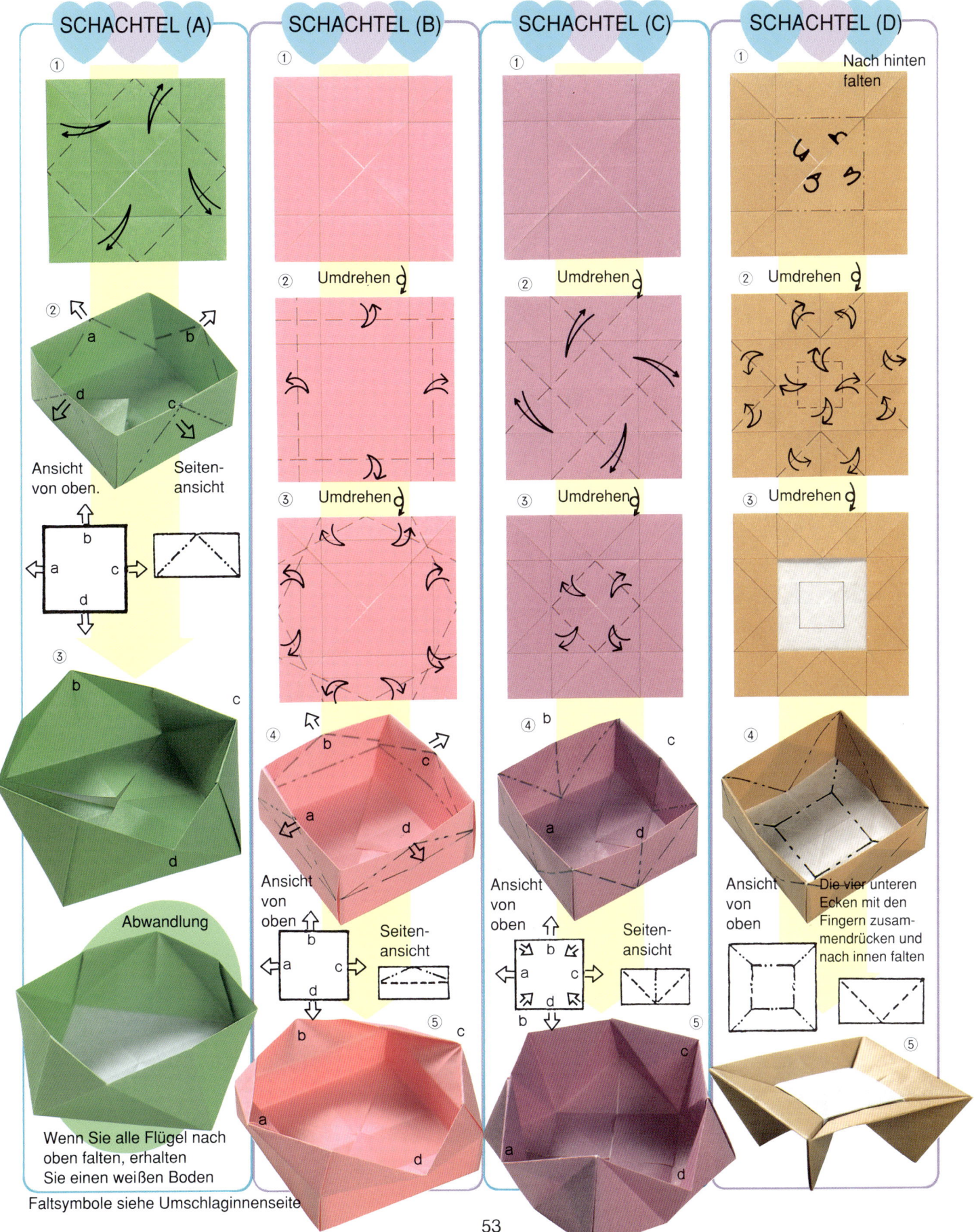

SCHACHTEL (A)

①

②

a b

d c

Ansicht von oben.

Seitenansicht

b

a c

d

③

b

c

a

d

Abwandlung

Wenn Sie alle Flügel nach oben falten, erhalten Sie einen weißen Boden

Faltsymbole siehe Umschlaginnenseite

SCHACHTEL (B)

①

② Umdrehen

③ Umdrehen

④

b c

a d

Ansicht von oben

b

a c

d

Seitenansicht

⑤

b c

a d

SCHACHTEL (C)

①

② Umdrehen

③ Umdrehen

④ b c

a d

Ansicht von oben

b

a c

d

b

Seitenansicht

⑤

c

a d

SCHACHTEL (D)

① Nach hinten falten

② Umdrehen

③ Umdrehen

④

Ansicht von oben

Die vier unteren Ecken mit den Fingern zusammendrücken und nach innen falten

⑤

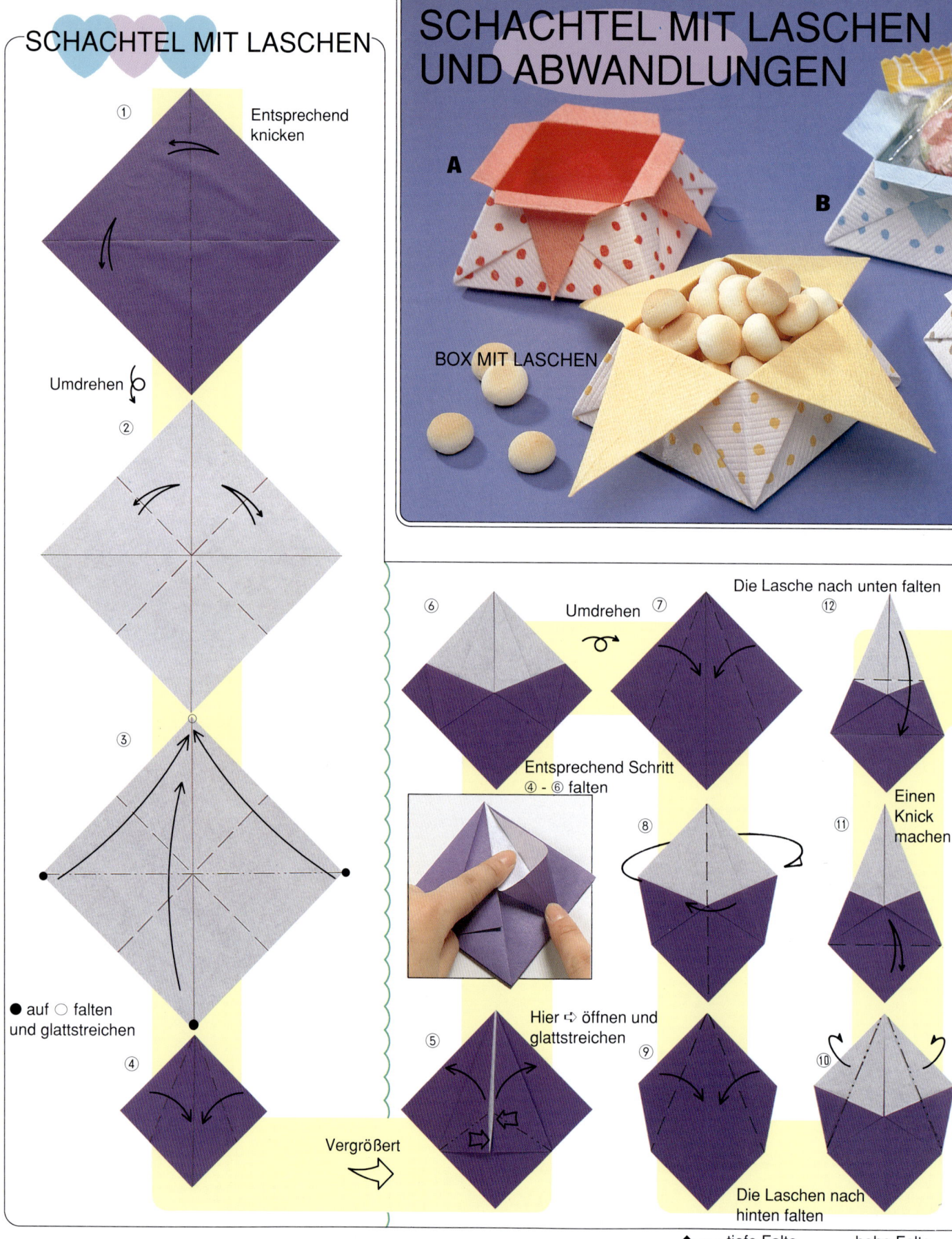

SCHACHTEL MIT LASCHEN

① Entsprechend knicken

Umdrehen

②

③

● auf ○ falten und glattstreichen

④

Vergrößert

SCHACHTEL MIT LASCHEN UND ABWANDLUNGEN

A

B

BOX MIT LASCHEN

⑥ Umdrehen ⑦

Die Lasche nach unten falten

⑫

Entsprechend Schritt ④ - ⑥ falten

⑧

Einen Knick machen

⑪

Hier ⇨ öffnen und glattstreichen

⑤

⑨

⑩

Die Laschen nach hinten falten

◆ - - - tiefe Falte   — · — hohe Falte

Beginnen Sie mit Schritt ⑫ der Schachtel mit Laschen.

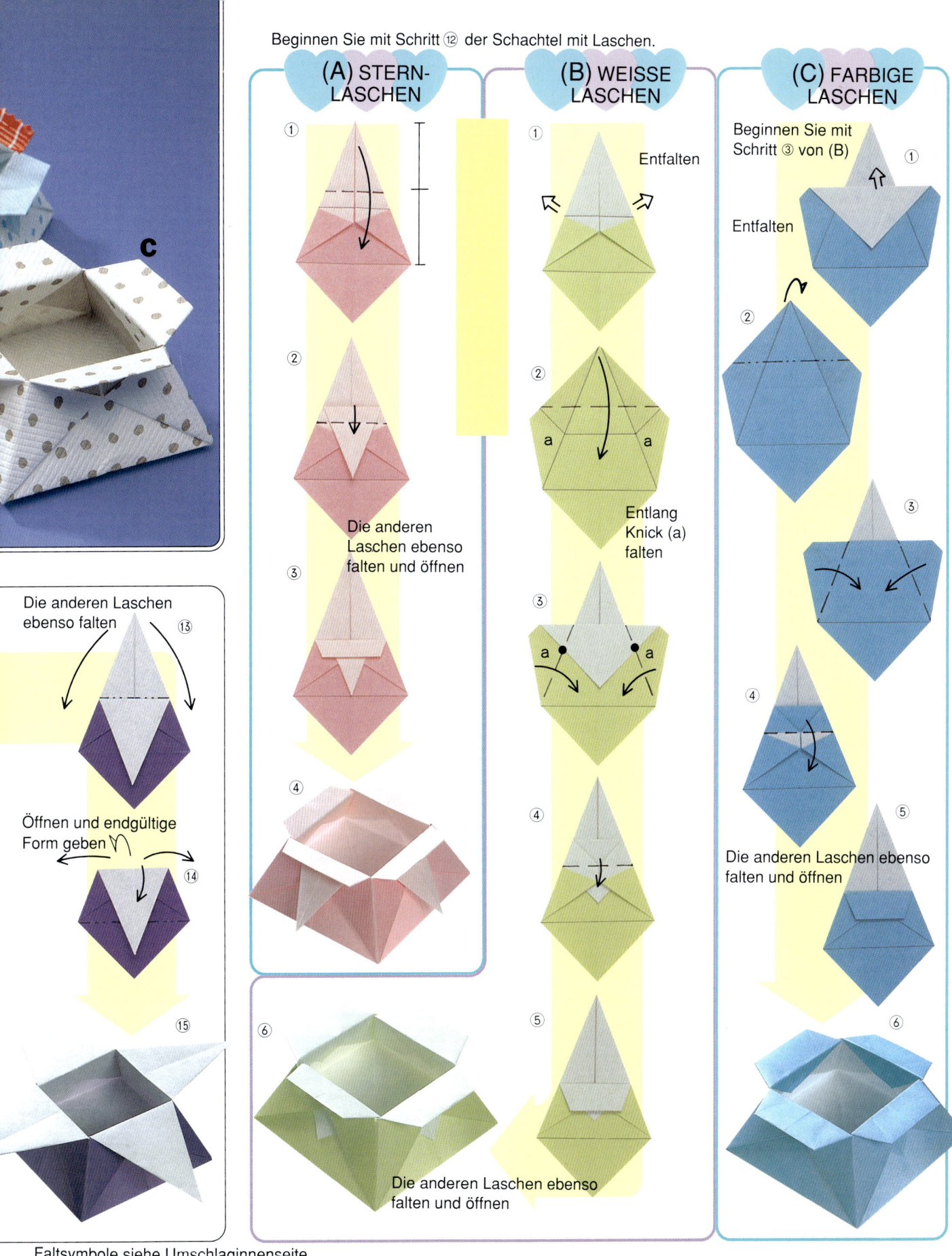

(A) STERN-LASCHEN

①

② Die anderen Laschen ebenso falten und öffnen

③

④

⑥

(B) WEISSE LASCHEN

① Entfalten

② Entlang Knick (a) falten

③

④

⑤ Die anderen Laschen ebenso falten und öffnen

(C) FARBIGE LASCHEN

Beginnen Sie mit Schritt ③ von (B)

Entfalten

①

②

③

④ Die anderen Laschen ebenso falten und öffnen

⑤

⑥

Die anderen Laschen ebenso falten ⑬

Öffnen und endgültige Form geben ⑭

⑮

Faltsymbole siehe Umschlaginnenseite

SCHACHTELN MIT HENKEL

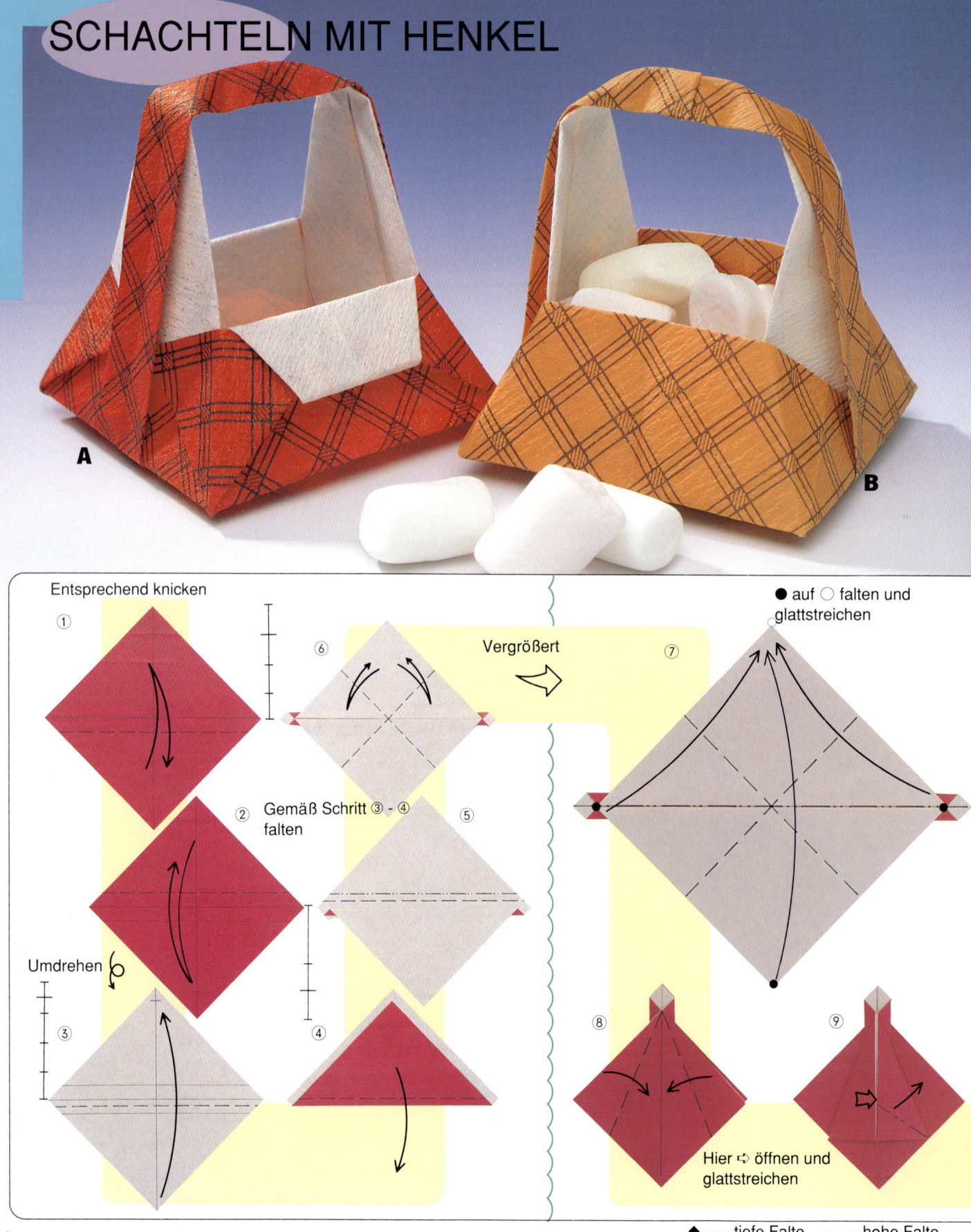

A

B

Entsprechend knicken

①

⑥

Vergrößert

● auf ○ falten und glattstreichen

⑦

② Gemäß Schritt ③ - ④ falten

⑤

Umdrehen

③

④

⑧

⑨

Hier ⇨ öffnen und glattstreichen

◆ - - - tiefe Falte   – · · – hohe Falte

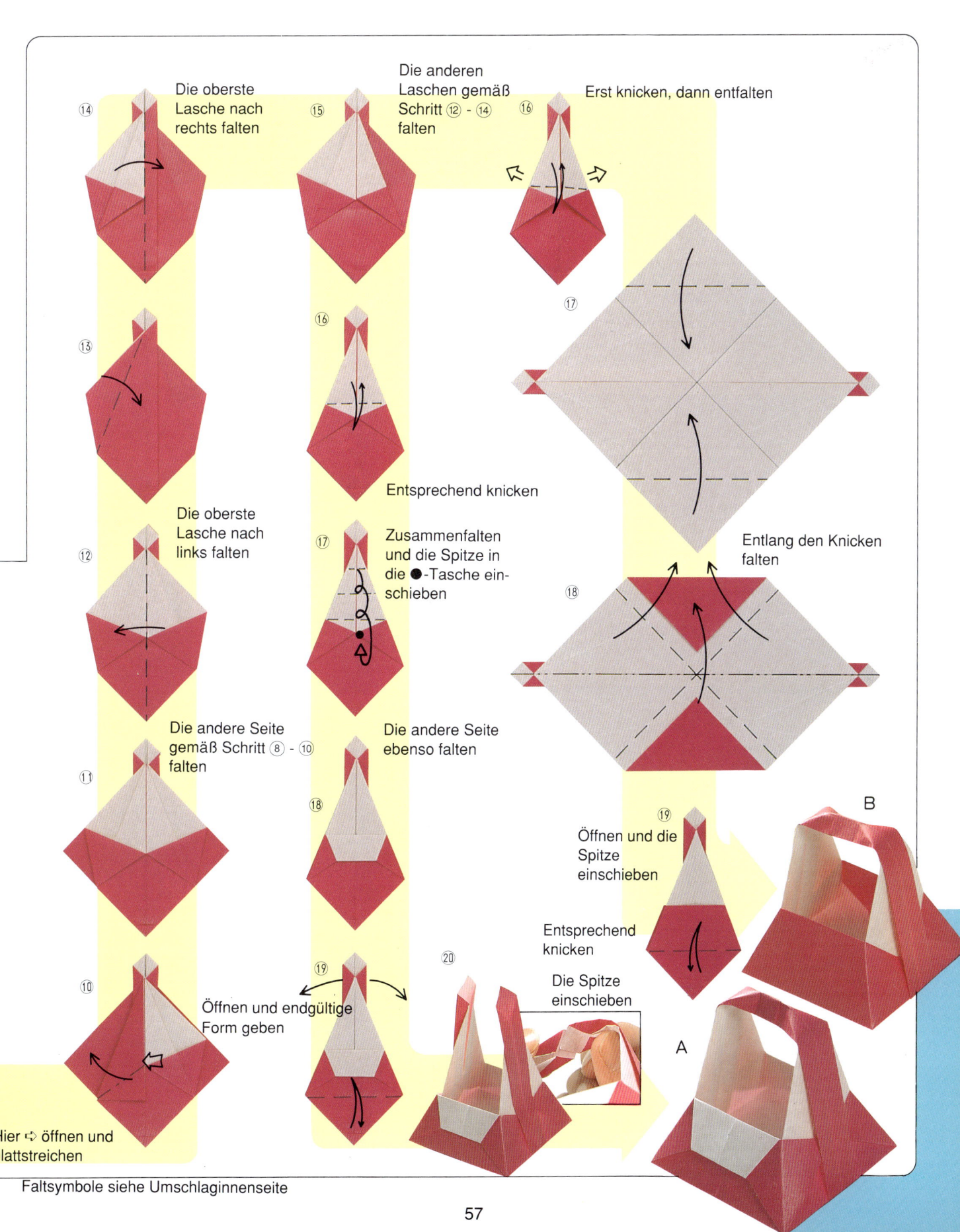

⑭ Die oberste Lasche nach rechts falten

⑮ Die anderen Laschen gemäß Schritt ⑫ - ⑭ falten

⑯ Erst knicken, dann entfalten

⑬

⑯

⑰

Entsprechend knicken

⑫ Die oberste Lasche nach links falten

⑰ Zusammenfalten und die Spitze in die ●-Tasche einschieben

Entlang den Knicken falten

⑱

⑪ Die andere Seite gemäß Schritt ⑧ - ⑩ falten

Die andere Seite ebenso falten

⑱

⑲ Öffnen und die Spitze einschieben

B

Entsprechend knicken

Die Spitze einschieben

⑩

⑲ Öffnen und endgültige Form geben

⑳

A

hier ⇨ öffnen und glattstreichen

GROSSE SCHACHTEL

BLUMENTOPF

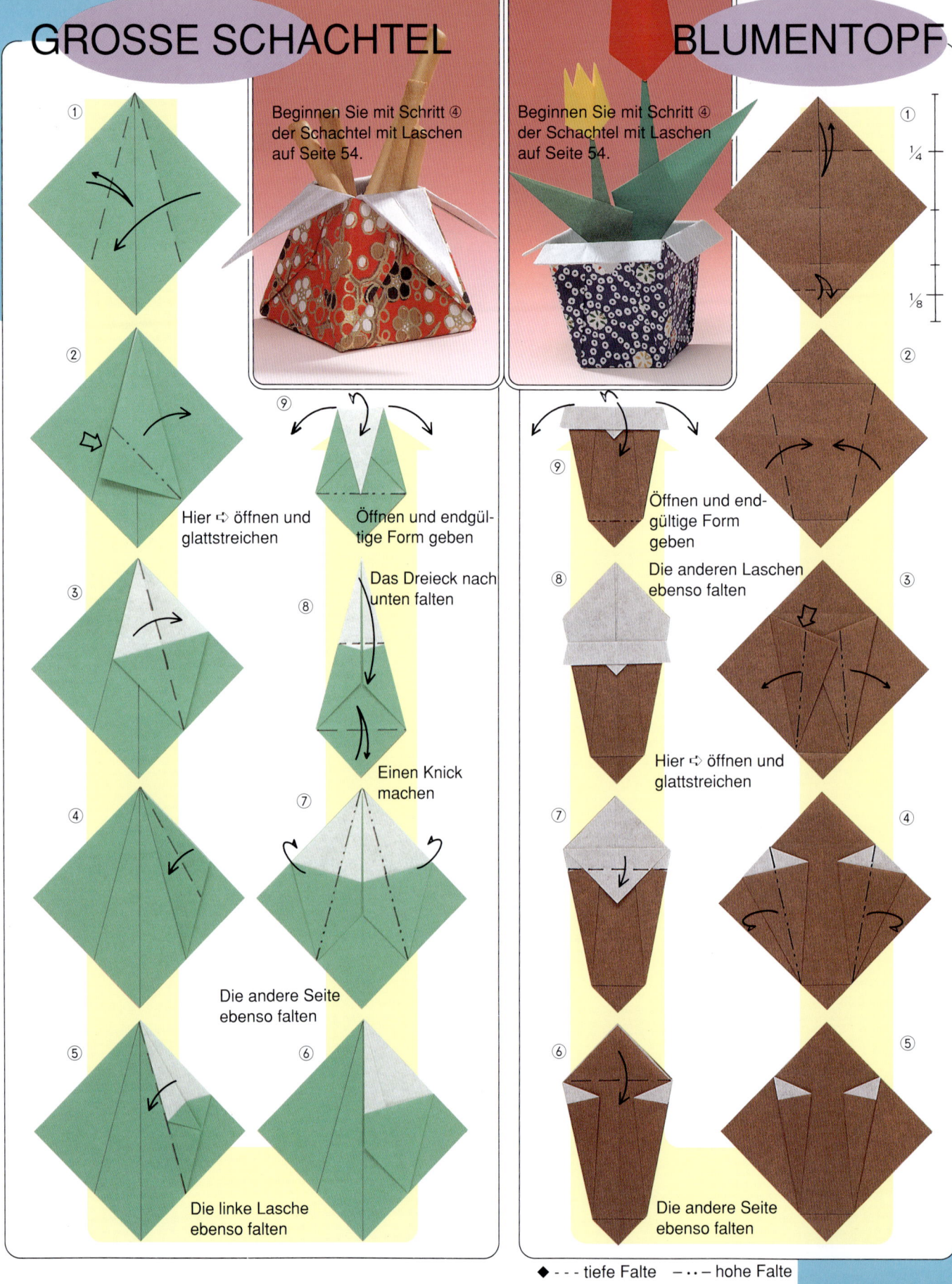

Beginnen Sie mit Schritt ④ der Schachtel mit Laschen auf Seite 54.

Beginnen Sie mit Schritt ④ der Schachtel mit Laschen auf Seite 54.

Hier ⇨ öffnen und glattstreichen

Öffnen und endgültige Form geben

Das Dreieck nach unten falten

Einen Knick machen

Die andere Seite ebenso falten

Die linke Lasche ebenso falten

Öffnen und endgültige Form geben

Die anderen Laschen ebenso falten

Hier ⇨ öffnen und glattstreichen

Die andere Seite ebenso falten

◆ - - - tiefe Falte   - · - hohe Falte

ZUSAMMENFALTBARES PAPIERETUI

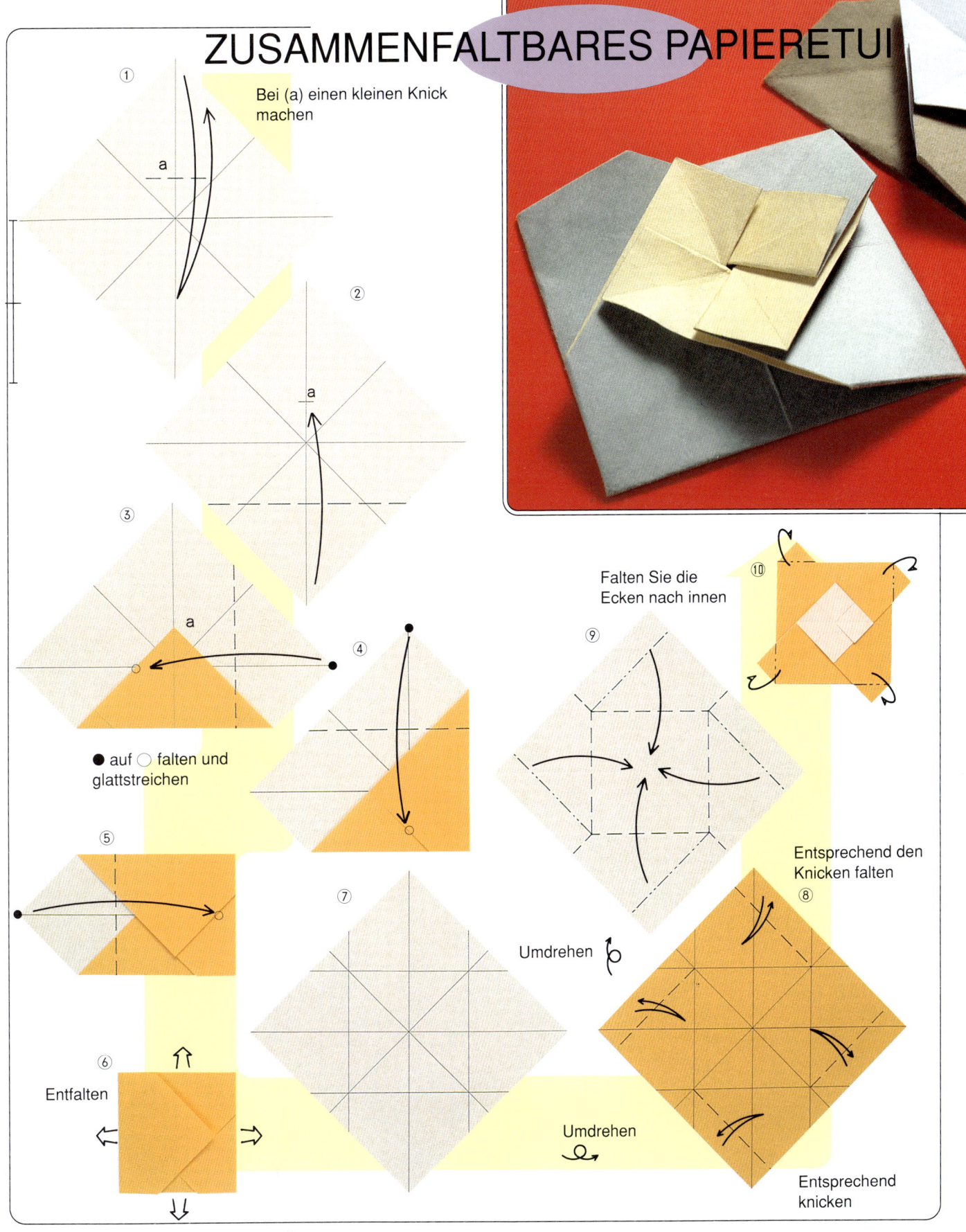

① Bei (a) einen kleinen Knick machen

②

③

④

● auf ○ falten und glattstreichen

⑤

⑥ Entfalten

⑦ Umdrehen

⑧ Entsprechend den Knicken falten

Entsprechend knicken

Umdrehen

⑨ Falten Sie die Ecken nach innen

⑩

Faltsymbole siehe Umschlaginnenseite

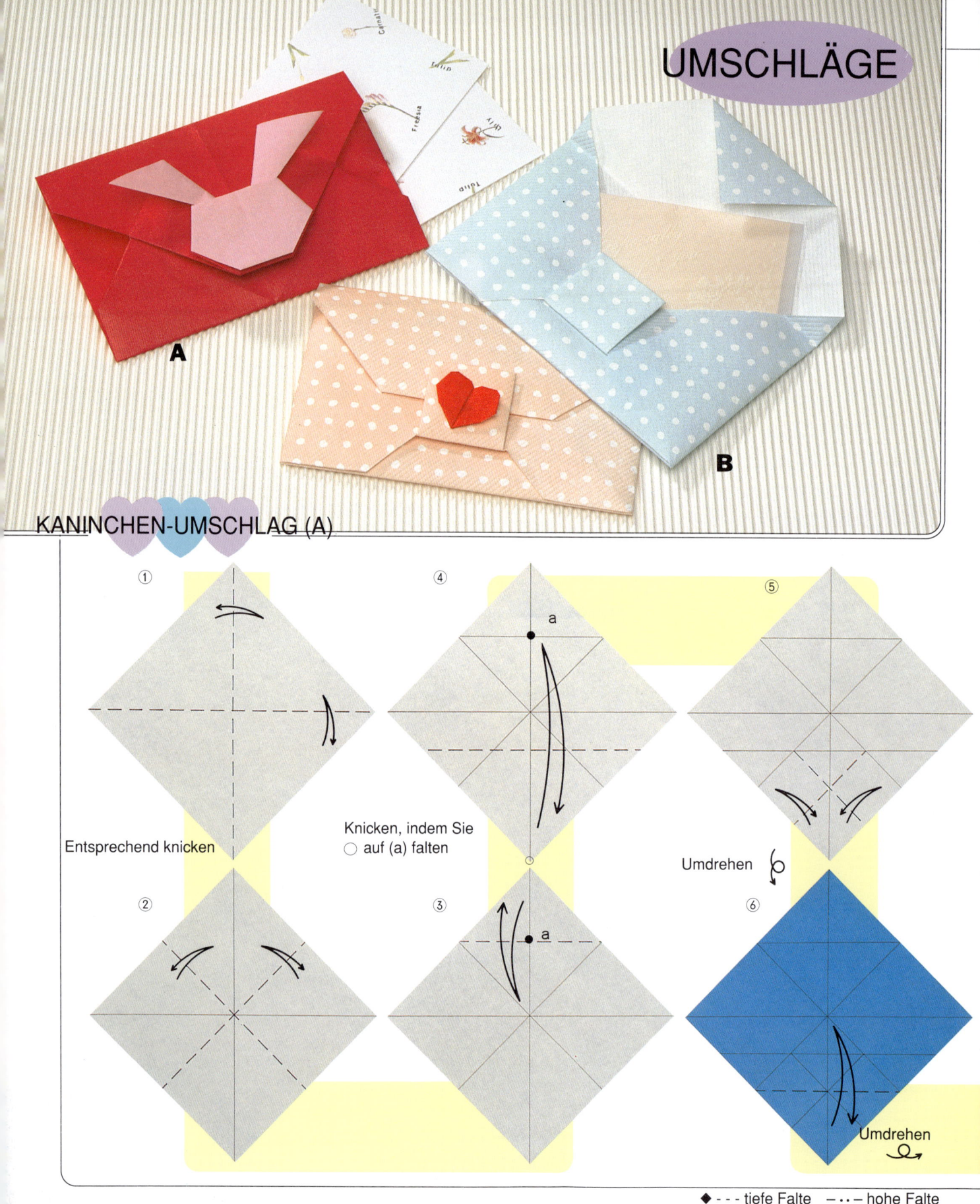

UMSCHLÄGE

A

B

KANINCHEN-UMSCHLAG (A)

① Entsprechend knicken

②

④ Knicken, indem Sie ○ auf (a) falten

a

③ a

⑤ Umdrehen

⑥ Umdrehen

◆ - - - tiefe Falte — · — hohe Falte

60

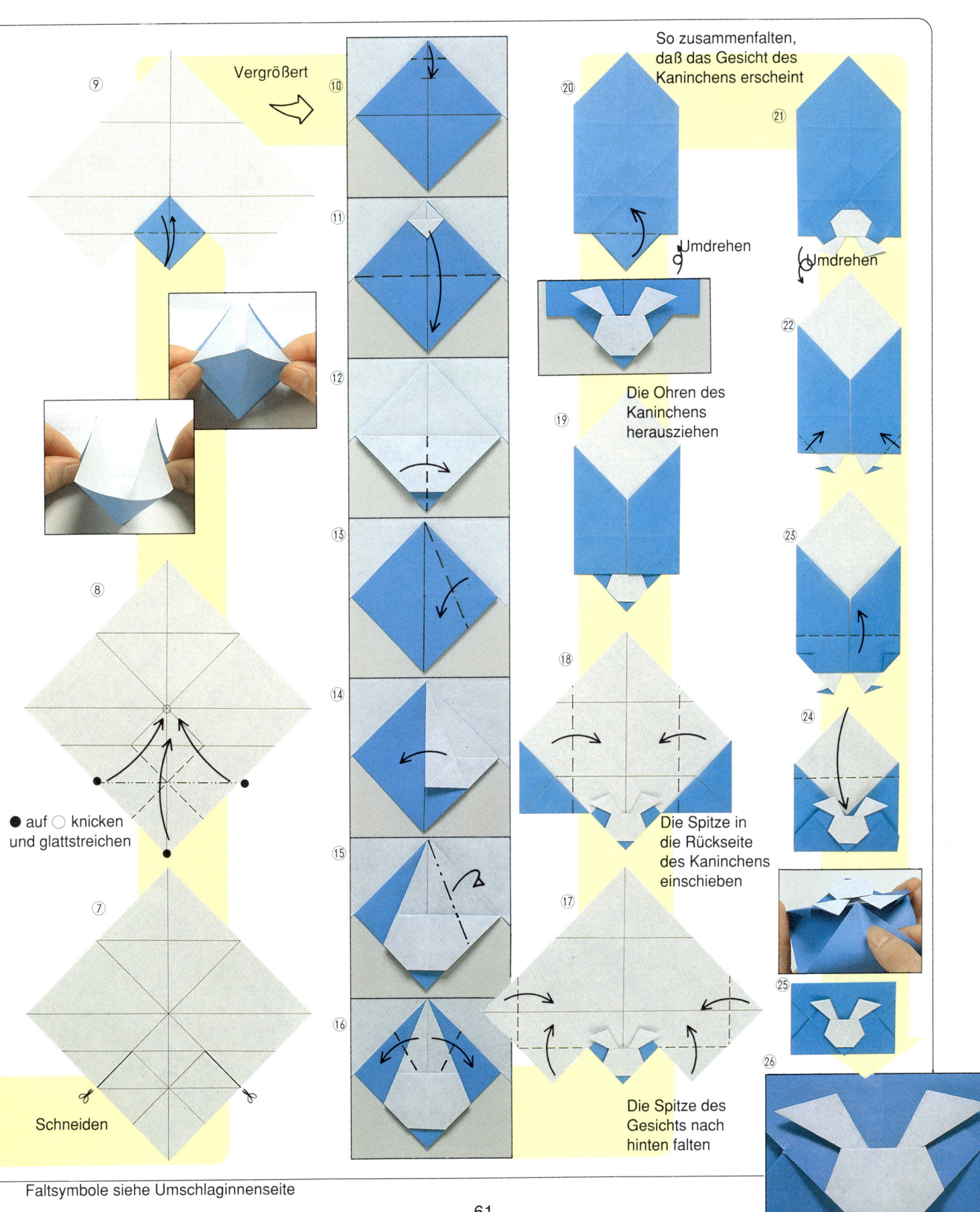

⑨

Vergrößert

⑩

⑪

⑫

⑬

⑭

⑮

⑯

⑧

● auf ○ knicken
und glattstreichen

⑦

Schneiden

⑳

Umdrehen

⑲

Die Ohren des
Kaninchens
herausziehen

⑱

Die Spitze in
die Rückseite
des Kaninchens
einschieben

⑰

Die Spitze des
Gesichts nach
hinten falten

So zusammenfalten,
daß das Gesicht des
Kaninchens erscheint

㉑

Umdrehen

㉒

㉓

㉔

㉕

㉖

UMSCHLAG (B)

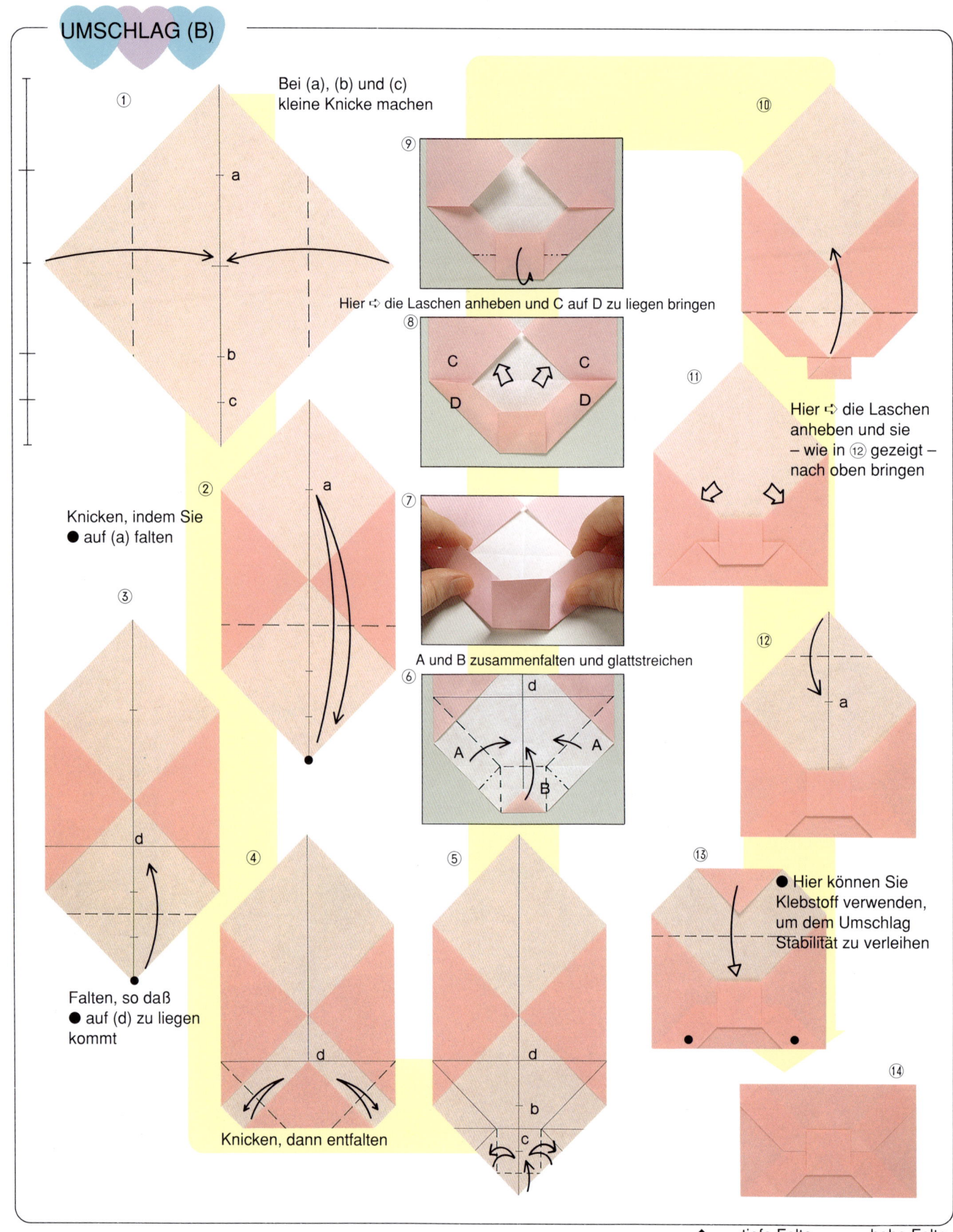

① Bei (a), (b) und (c) kleine Knicke machen

a
b
c

② Knicken, indem Sie ● auf (a) falten

a

③ Falten, so daß ● auf (d) zu liegen kommt

d

④ Knicken, dann entfalten

d

⑤

d
b
c

⑥ A und B zusammenfalten und glattstreichen

d
A   A
B

⑦

⑧ Hier ➫ die Laschen anheben und C auf D zu liegen bringen

C   C
D   D

⑨

⑩

⑪ Hier ➫ die Laschen anheben und sie – wie in ⑫ gezeigt – nach oben bringen

⑫

a

⑬ ● Hier können Sie Klebstoff verwenden, um dem Umschlag Stabilität zu verleihen

⑭

◆ - - - tiefe Falte   - - ·- hohe Falte

5

ORIGAMI FÜR VIELE GELEGENHEITEN

MENSCHENFRESSER

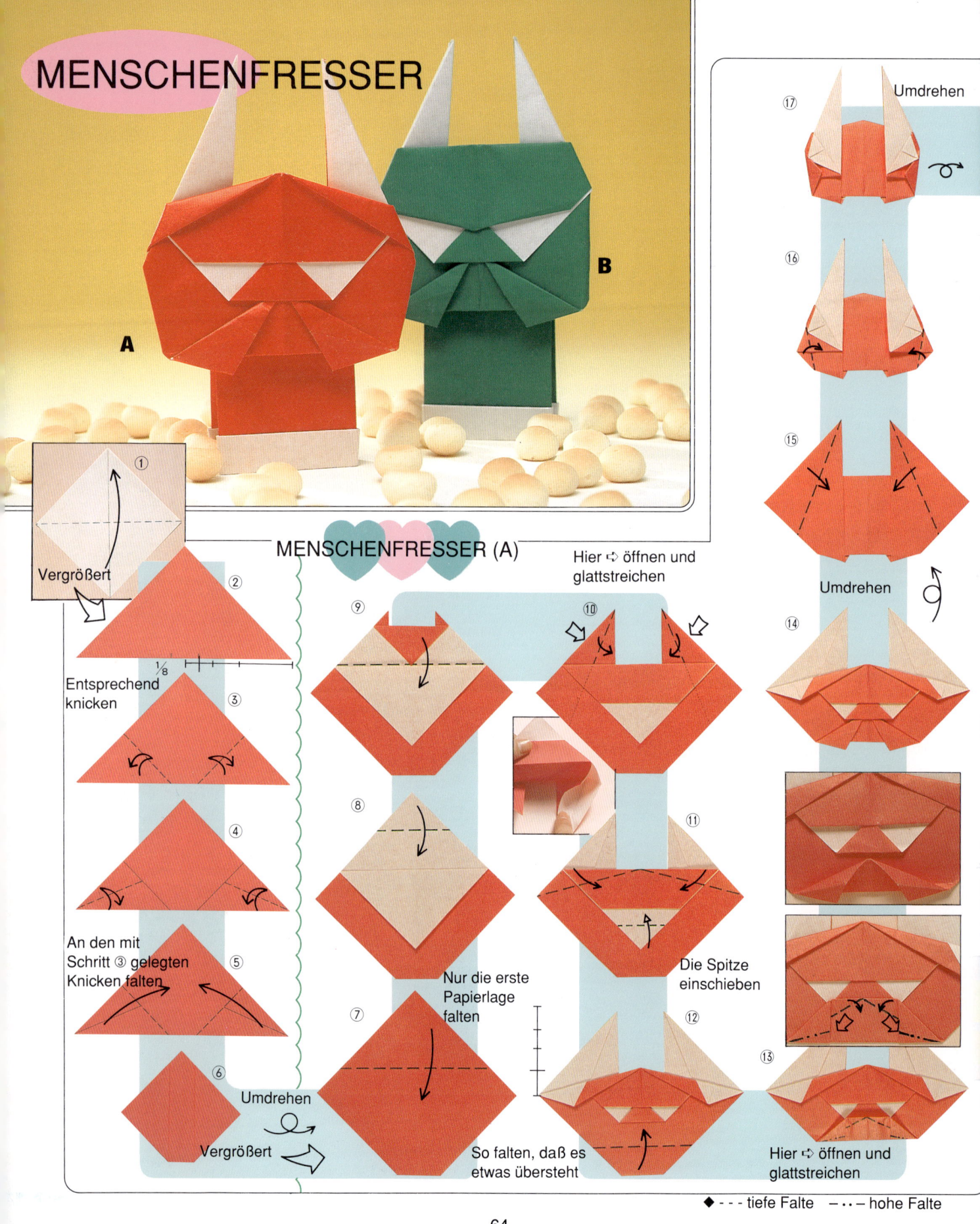

A

B

① Vergrößert

② Entsprechend knicken

1/8

③

④ An den mit Schritt ③ gelegten Knicken falten

⑤

⑥ Umdrehen
Vergrößert

MENSCHENFRESSER (A)

♥ ♥ ♥

Hier ⟳ öffnen und glattstreichen

⑨

⑩

⑧

⑦ Nur die erste Papierlage falten

So falten, daß es etwas übersteht

⑪ Die Spitze einschieben

⑫

⑬ Hier ⟳ öffnen und glattstreichen

⑭ Umdrehen

⑮ Umdrehen

⑯

⑰ Umdrehen

◆--- tiefe Falte   —·— hohe Falte

64

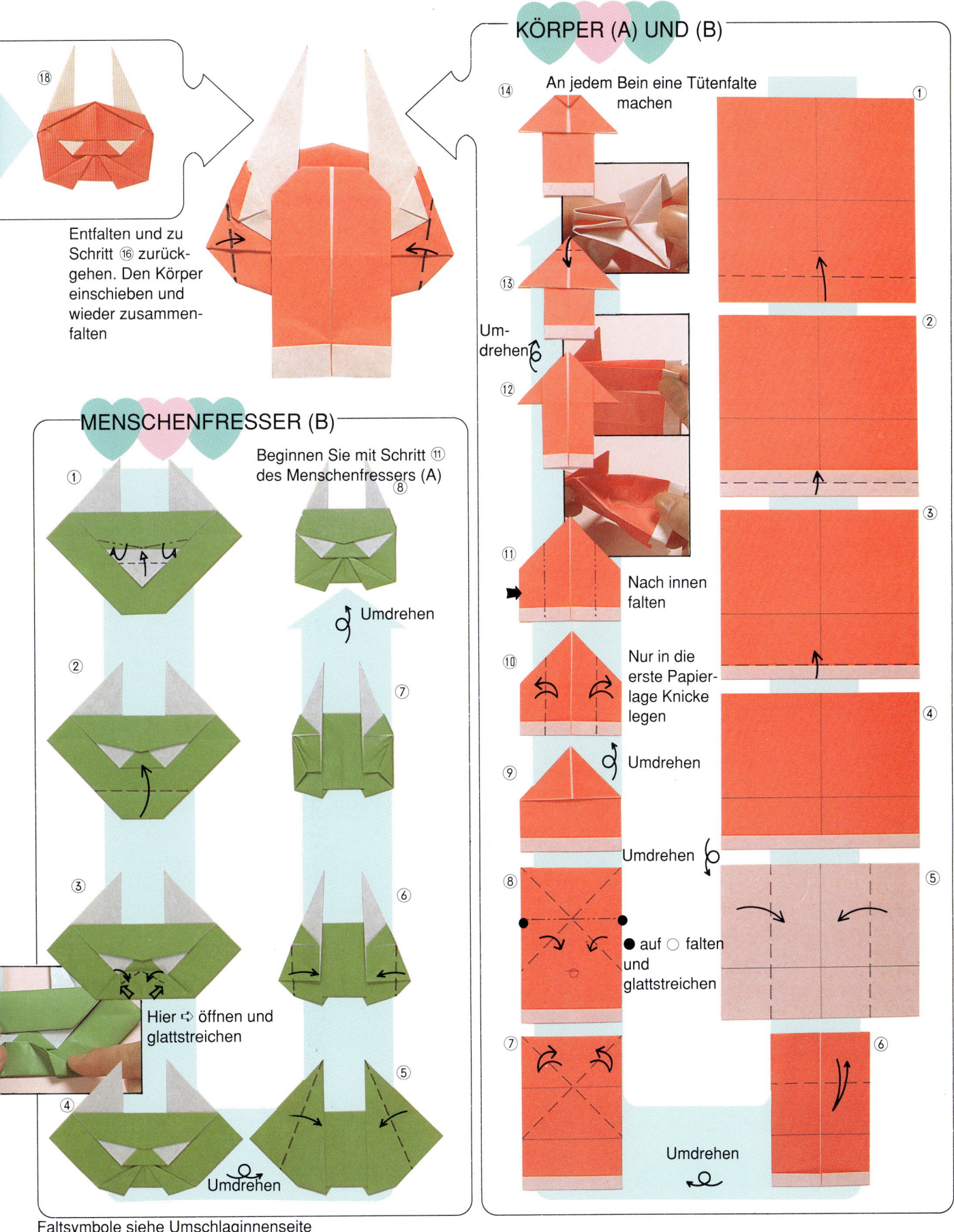

KÖRPER (A) UND (B)

⑱

Entfalten und zu Schritt ⑯ zurück-gehen. Den Körper einschieben und wieder zusammen-falten

⑭ An jedem Bein eine Tütenfalte machen

①

②

③

④

Um-drehen

⑬

⑫

⑪ Nach innen falten

⑩ Nur in die erste Papier-lage Knicke legen

⑤

⑨ Umdrehen

Umdrehen

⑧ ● auf ○ falten und glattstreichen

MENSCHENFRESSER (B)

①

Beginnen Sie mit Schritt ⑪ des Menschenfressers (A)

⑧

⑦ Umdrehen

②

⑦

③

⑥

Hier ⇨ öffnen und glattstreichen

④

⑤

Umdrehen

⑦

⑥

Umdrehen

Faltsymbole siehe Umschlaginnenseite

HINA-PUPPEN

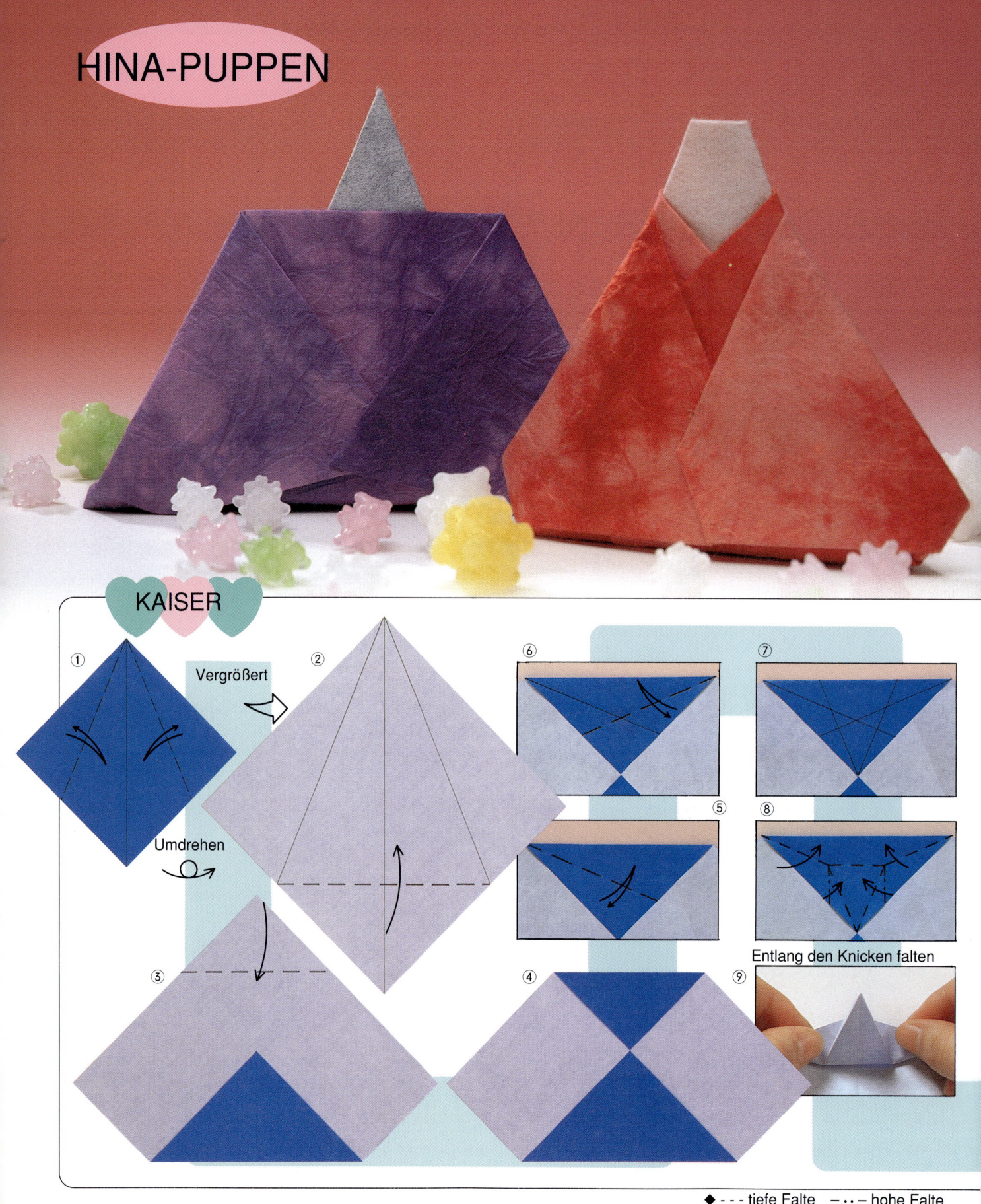

KAISER

① ② Vergrößert

Umdrehen

③ ④

⑤ ⑥ ⑦ ⑧

Entlang den Knicken falten

⑨

◆ - - - tiefe Falte   – · – hohe Falte

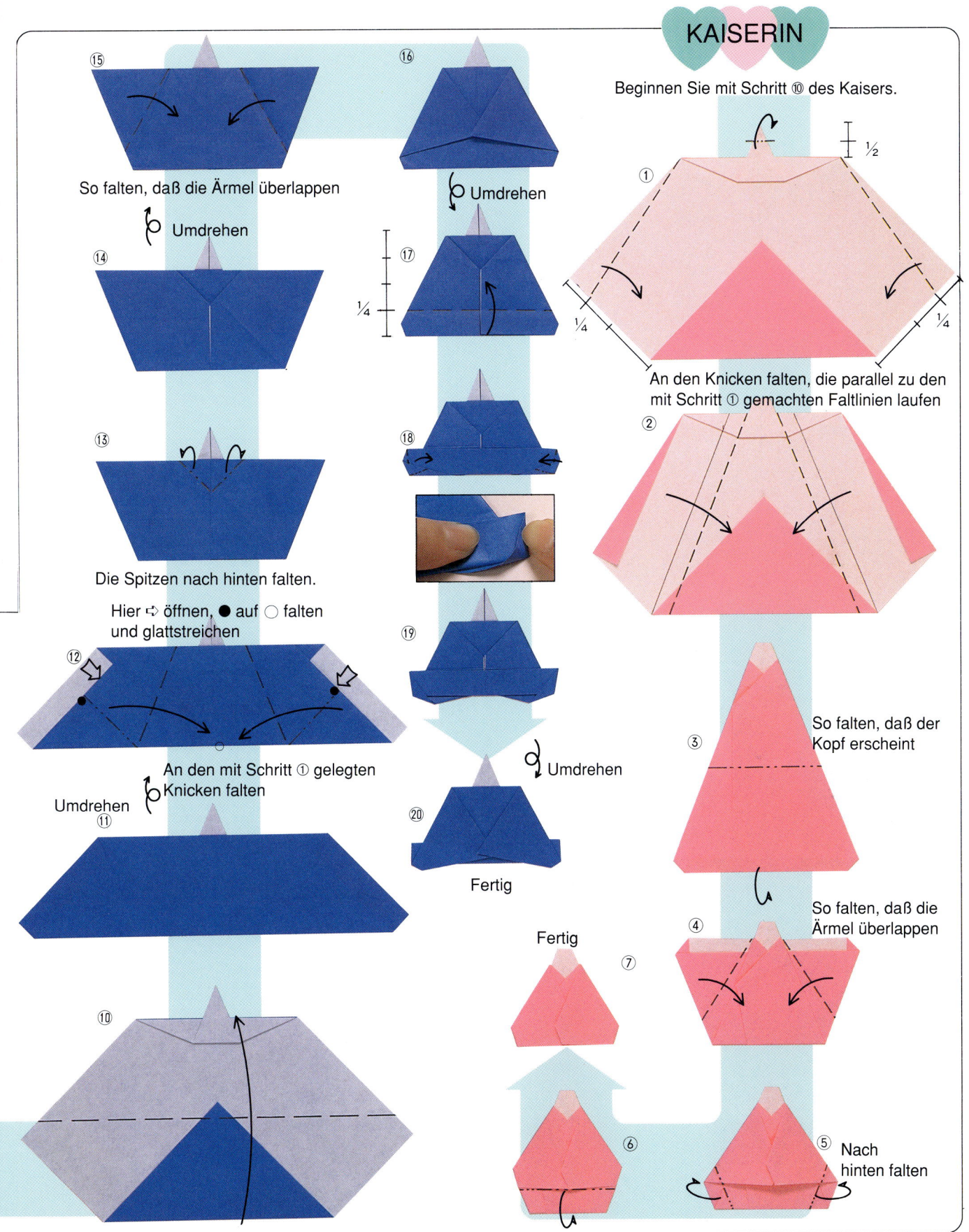

Beginnen Sie mit Schritt ⑩ des Kaisers.

½

① ¼ ¼

An den Knicken falten, die parallel zu den mit Schritt ① gemachten Faltlinien laufen

②

So falten, daß der Kopf erscheint

③

So falten, daß die Ärmel überlappen

④

⑤ Nach hinten falten

⑥

⑦ Fertig

⑮

So falten, daß die Ärmel überlappen

Umdrehen

⑭

⑬

Die Spitzen nach hinten falten.

Hier ⇨ öffnen, ● auf ○ falten und glattstreichen

⑫

An den mit Schritt ① gelegten Knicken falten

Umdrehen ⑪

⑩

⑯

Umdrehen

⑰ ¼

⑱

⑲

Umdrehen

⑳ Fertig

① Entsprechend knicken

② Erst (a), dann (b) markieren

Umdrehen ↻

③ Spitze zu (b) falten

STEHENDE HINA-PUPPEN

♥♥♥ **KAISERIN**

Beginnen Sie mit Schritt ⑪ des Kaisers.

①

②

③

④

⑤ Gemäß Schritt ⑭ - ⑰ des Kaisers knicken A, B und C falten und glattstreichen

⑥ Die Spitze des Rockes unter den Mantel schieben

◆ - - - tiefe Falte   — · — hohe Falte

68

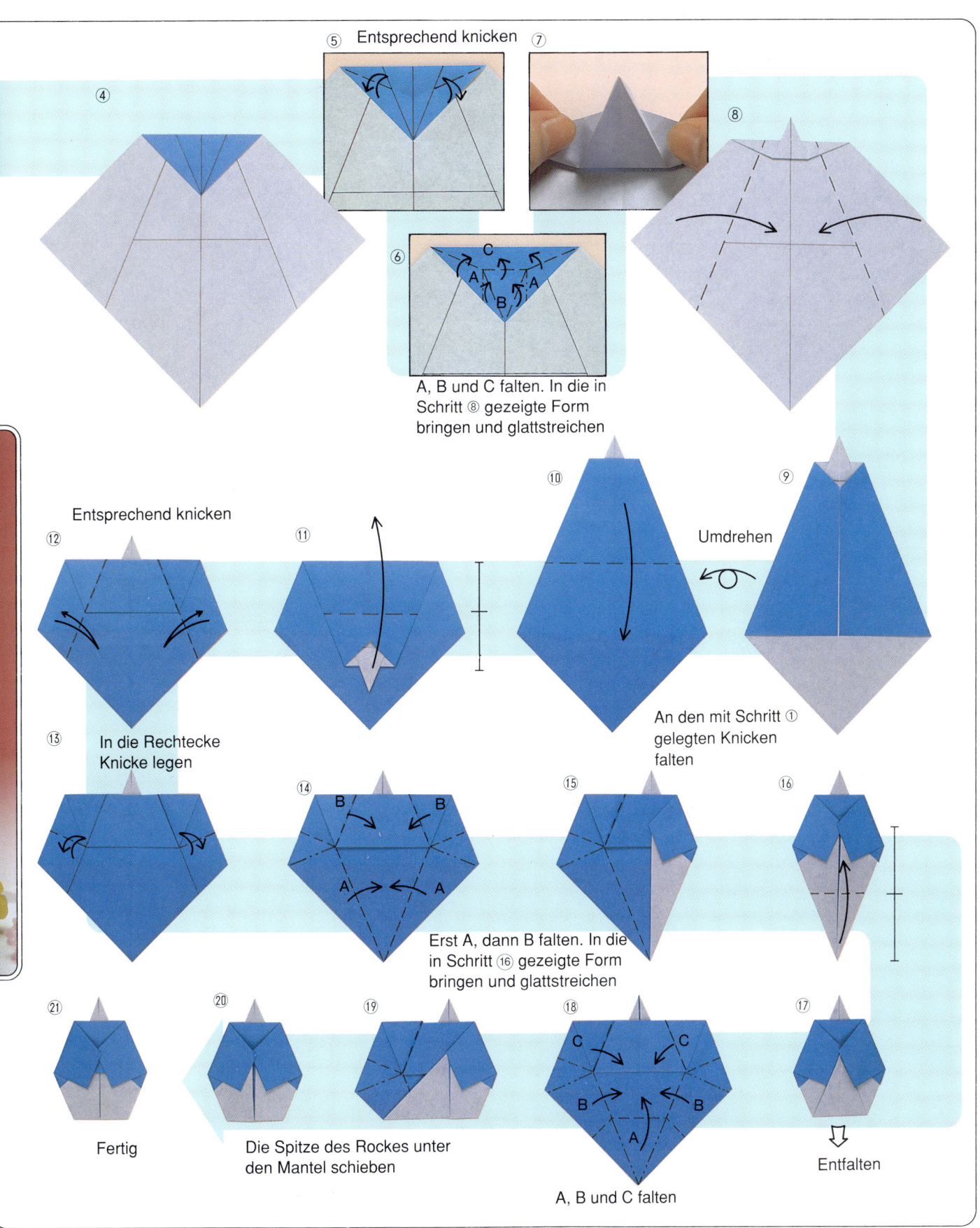

④

⑤ Entsprechend knicken

⑦

⑥

A, B und C falten. In die in
Schritt ⑧ gezeigte Form
bringen und glattstreichen

⑧

⑩

⑨

Umdrehen

An den mit Schritt ① gelegten Knicken falten

Entsprechend knicken

⑫

⑪

⑬ In die Rechtecke Knicke legen

⑭ B   B
A   A

Erst A, dann B falten. In die
in Schritt ⑯ gezeigte Form
bringen und glattstreichen

⑮

⑯

㉑

⑳

⑲

⑱ C   C
B   B
A

A, B und C falten

⑰

Entfalten

Fertig

Die Spitze des Rockes unter
den Mantel schieben

Faltsymbole siehe Umschlaginnenseite

69

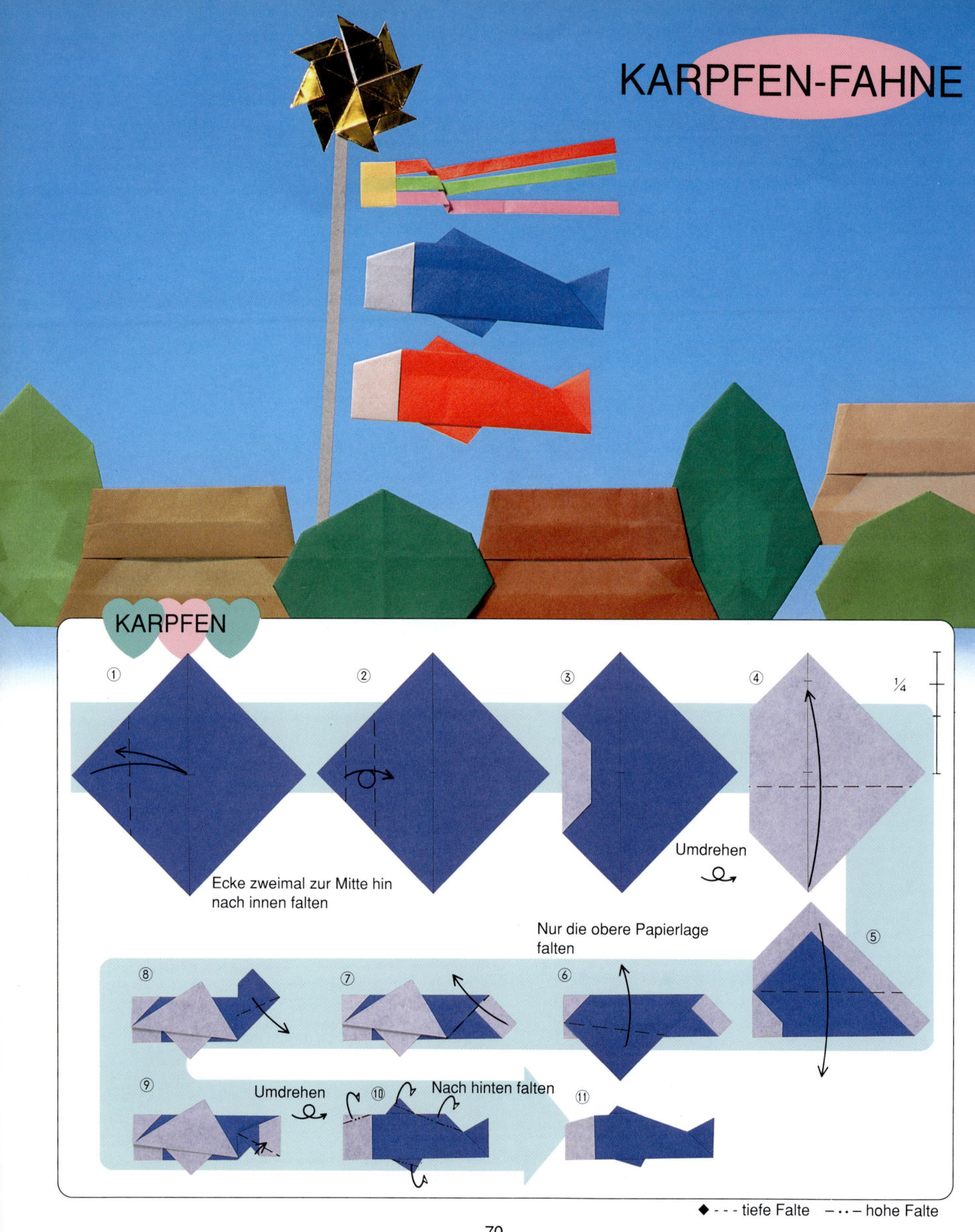

KARPFEN-FAHNE

KARPFEN

① ② ③ ④ ¼

Ecke zweimal zur Mitte hin
nach innen falten

Umdrehen

Nur die obere Papierlage
falten

⑤

⑧ ⑦ ⑥

⑨ Umdrehen ⑩ Nach hinten falten ⑪

◆ - - - tiefe Falte   — · — hohe Falte

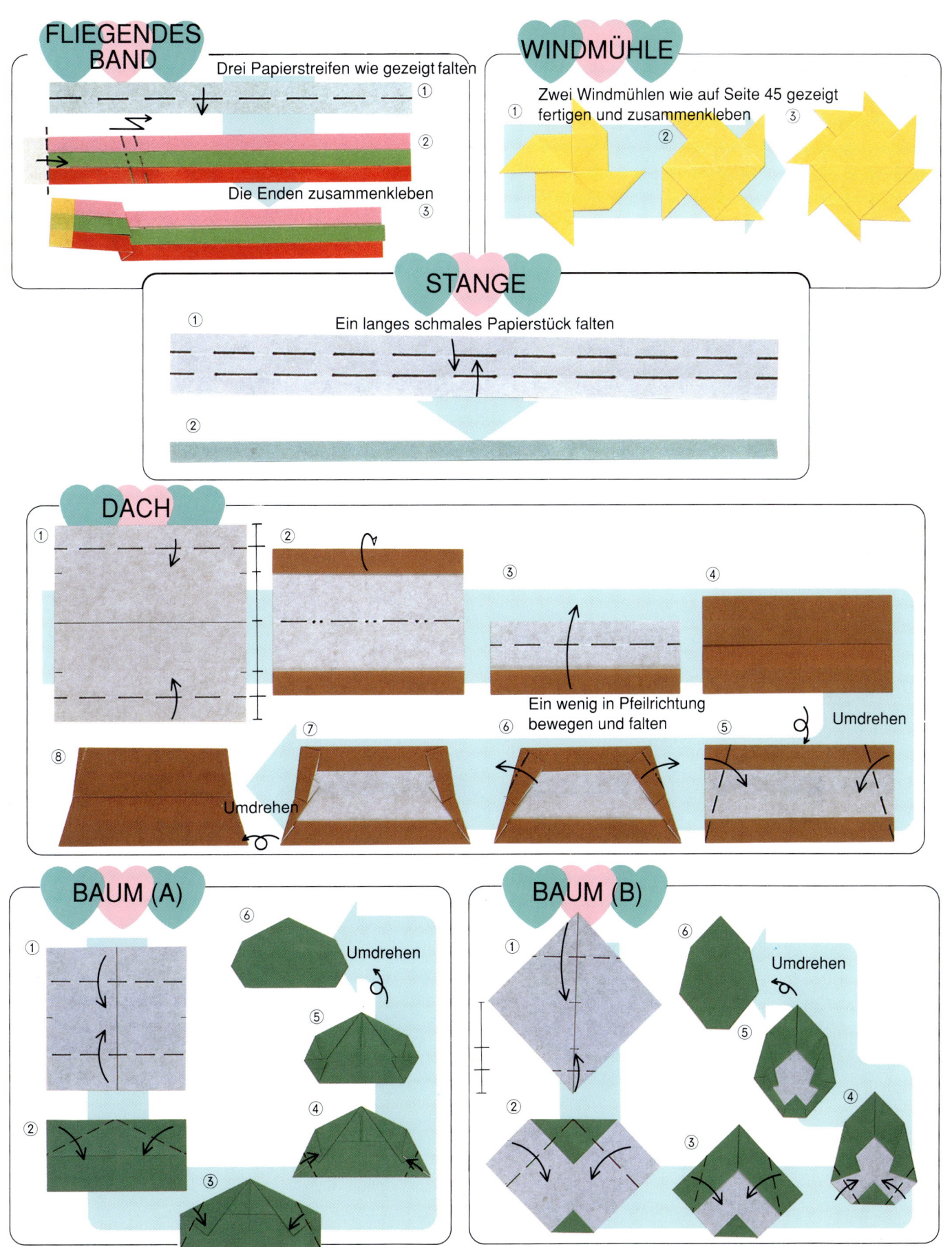

FLIEGENDES BAND

Drei Papierstreifen wie gezeigt falten

① ② ③

Die Enden zusammenkleben

WINDMÜHLE

Zwei Windmühlen wie auf Seite 45 gezeigt fertigen und zusammenkleben

① ② ③

STANGE

① Ein langes schmales Papierstück falten

②

DACH

① ② ③ ④

Ein wenig in Pfeilrichtung bewegen und falten

⑧ ⑦ ⑥ ⑤ Umdrehen

Umdrehen

BAUM (A)

① ② ③ ④ ⑤ ⑥ Umdrehen

BAUM (B)

① ② ③ ④ ⑤ ⑥ Umdrehen

Faltsymbole siehe Umschlaginnenseite

HELME

B

A

HELM (Traditionell)

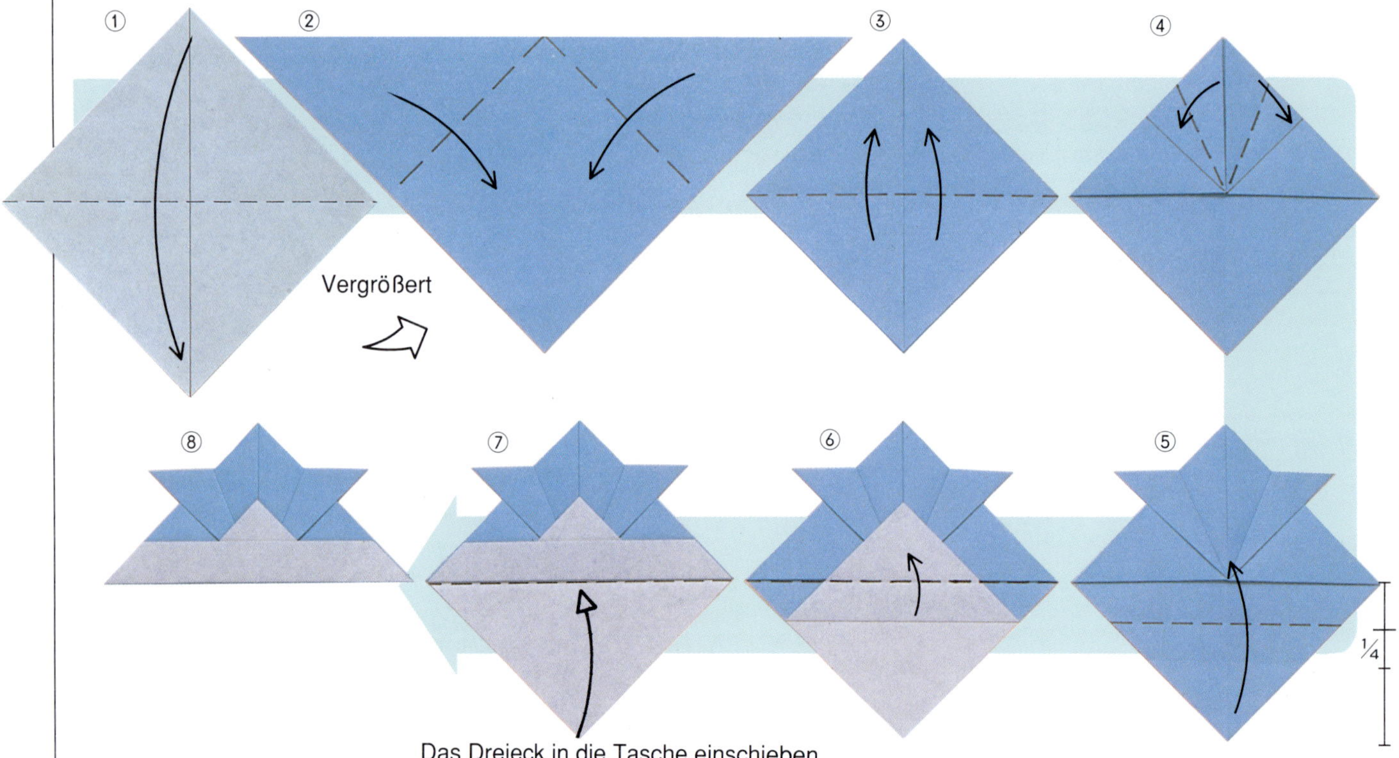

① ② ③ ④

Vergrößert

⑧ ⑦ ⑥ ⑤

¼

Das Dreieck in die Tasche einschieben

◆ - - - tiefe Falte   — · — hohe Falte

72

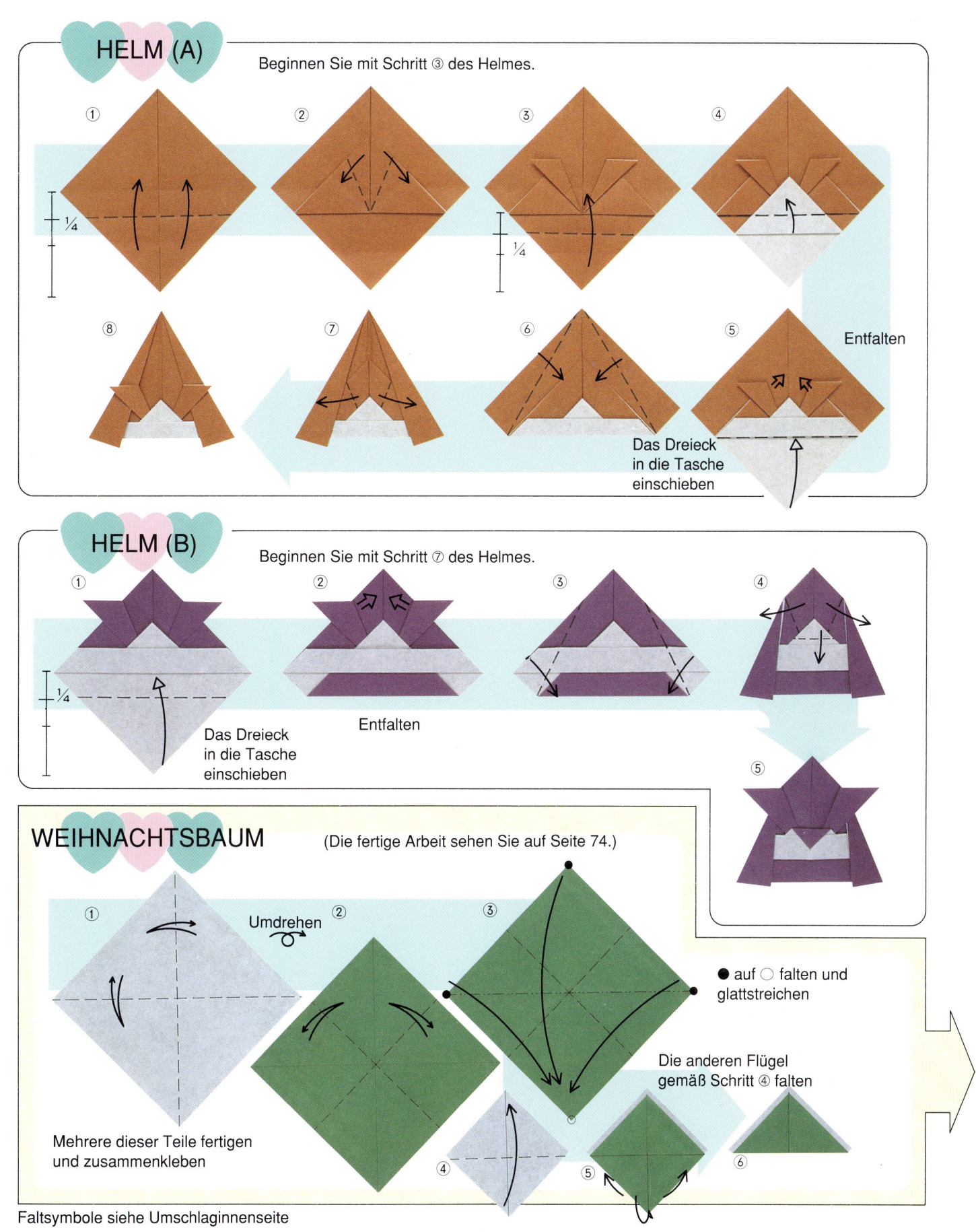

HELM (A)

Beginnen Sie mit Schritt ③ des Helmes.

¼

¼

Entfalten

Das Dreieck
in die Tasche
einschieben

HELM (B)

Beginnen Sie mit Schritt ⑦ des Helmes.

¼

Das Dreieck
in die Tasche
einschieben

Entfalten

WEIHNACHTSBAUM

(Die fertige Arbeit sehen Sie auf Seite 74.)

Umdrehen

● auf ○ falten und
glattstreichen

Die anderen Flügel
gemäß Schritt ④ falten

Mehrere dieser Teile fertigen
und zusammenkleben

Faltsymbole siehe Umschlaginnenseite

WEIHNACHTSMANN

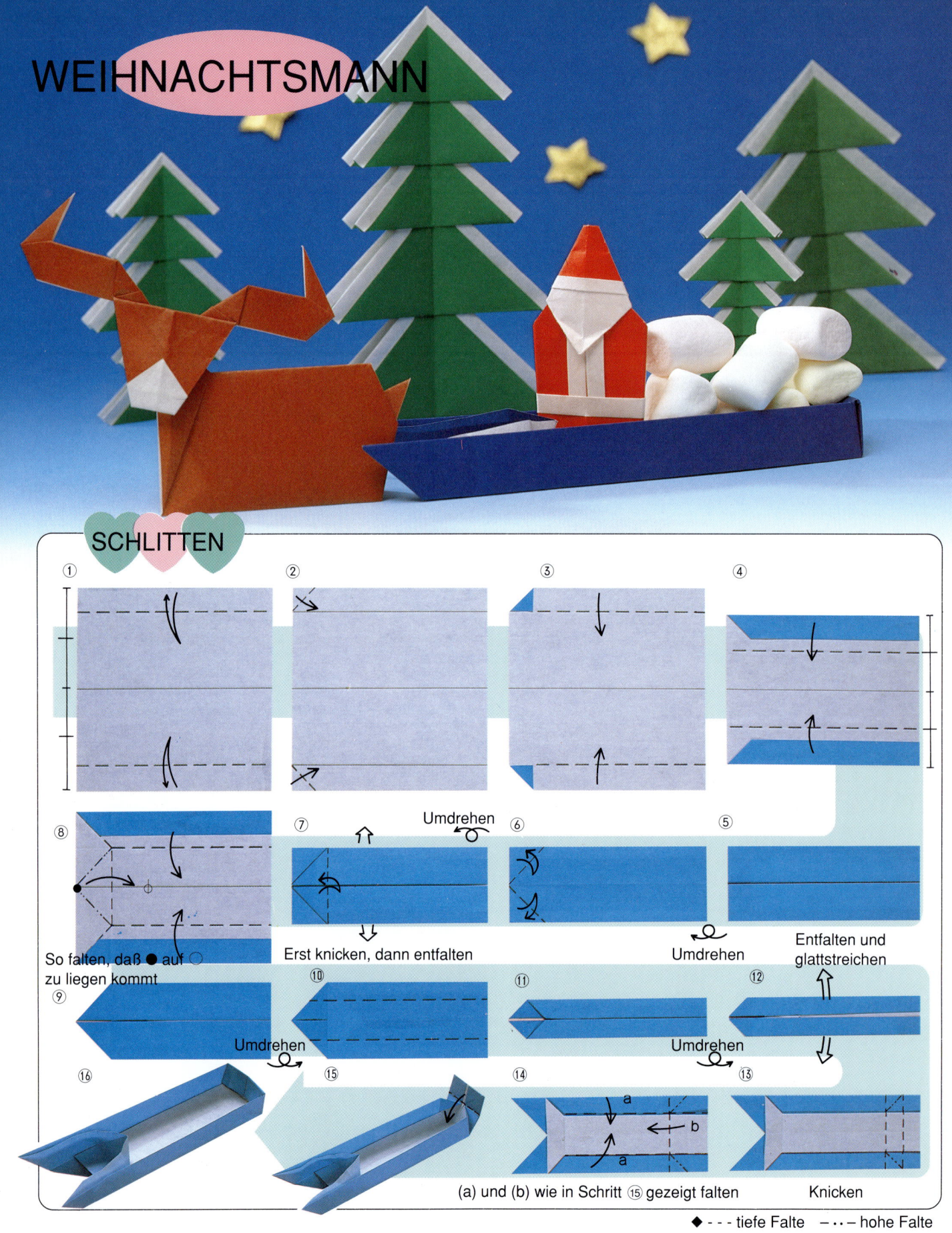

SCHLITTEN

① ② ③ ④

⑧ ⑦ Umdrehen ⑥ ⑤

So falten, daß ● auf ○
zu liegen kommt

Erst knicken, dann entfalten

Umdrehen

Entfalten und
glattstreichen

⑨ ⑩ Umdrehen ⑪ ⑫

⑯ ⑮ ⑭ Umdrehen ⑬

(a) und (b) wie in Schritt ⑮ gezeigt falten

Knicken

a
b
a

◆ - - - tiefe Falte   – · – hohe Falte

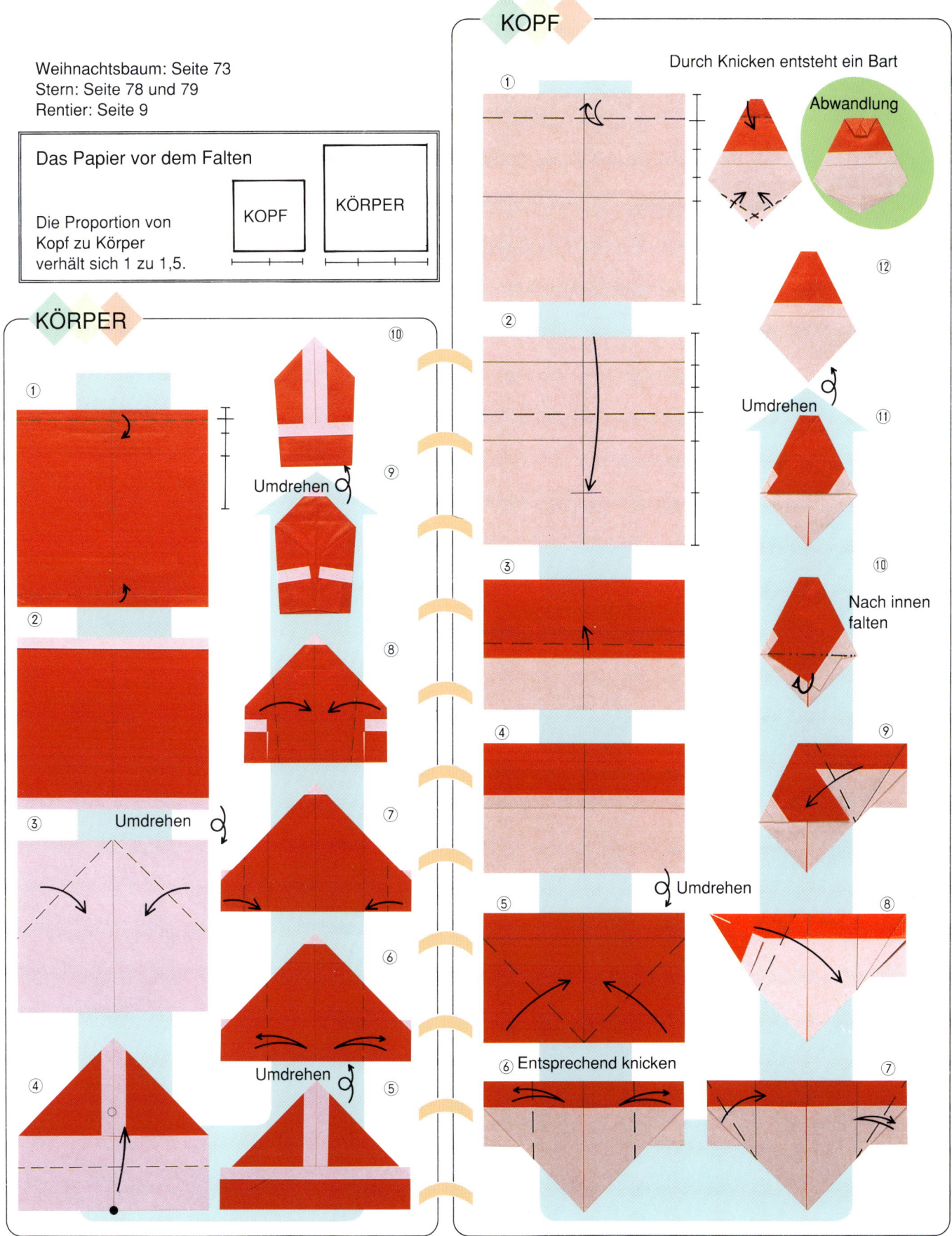

Weihnachtsbaum: Seite 73
Stern: Seite 78 und 79
Rentier: Seite 9

Das Papier vor dem Falten

Die Proportion von
Kopf zu Körper
verhält sich 1 zu 1,5.

KOPF

KÖRPER

KÖRPER

KOPF

Durch Knicken entsteht ein Bart

Abwandlung

Umdrehen

Umdrehen

Nach innen falten

Umdrehen

Umdrehen

Umdrehen

Entsprechend knicken

Faltsymbole siehe Umschlaginnenseite

KÖRPER

JUNGE

MÄDCHEN

① ② ③ ④ ⑤ ⑥ ⑦

Umdrehen

Umdrehen

Umdrehen

Umdrehen

Umdrehen

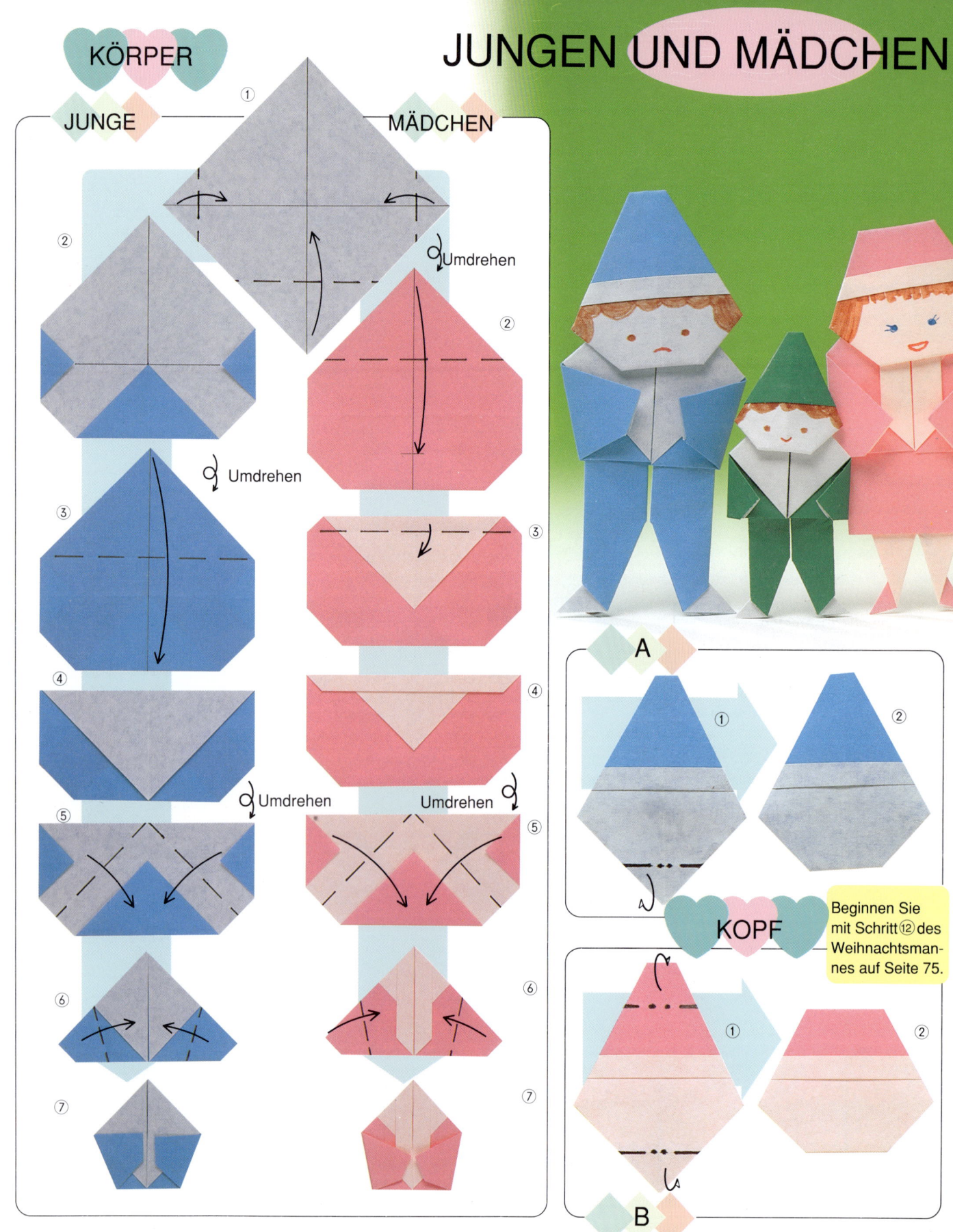

A

① ②

KOPF

① ②

B

Beginnen Sie mit Schritt ⑫ des Weihnachtsmannes auf Seite 75.

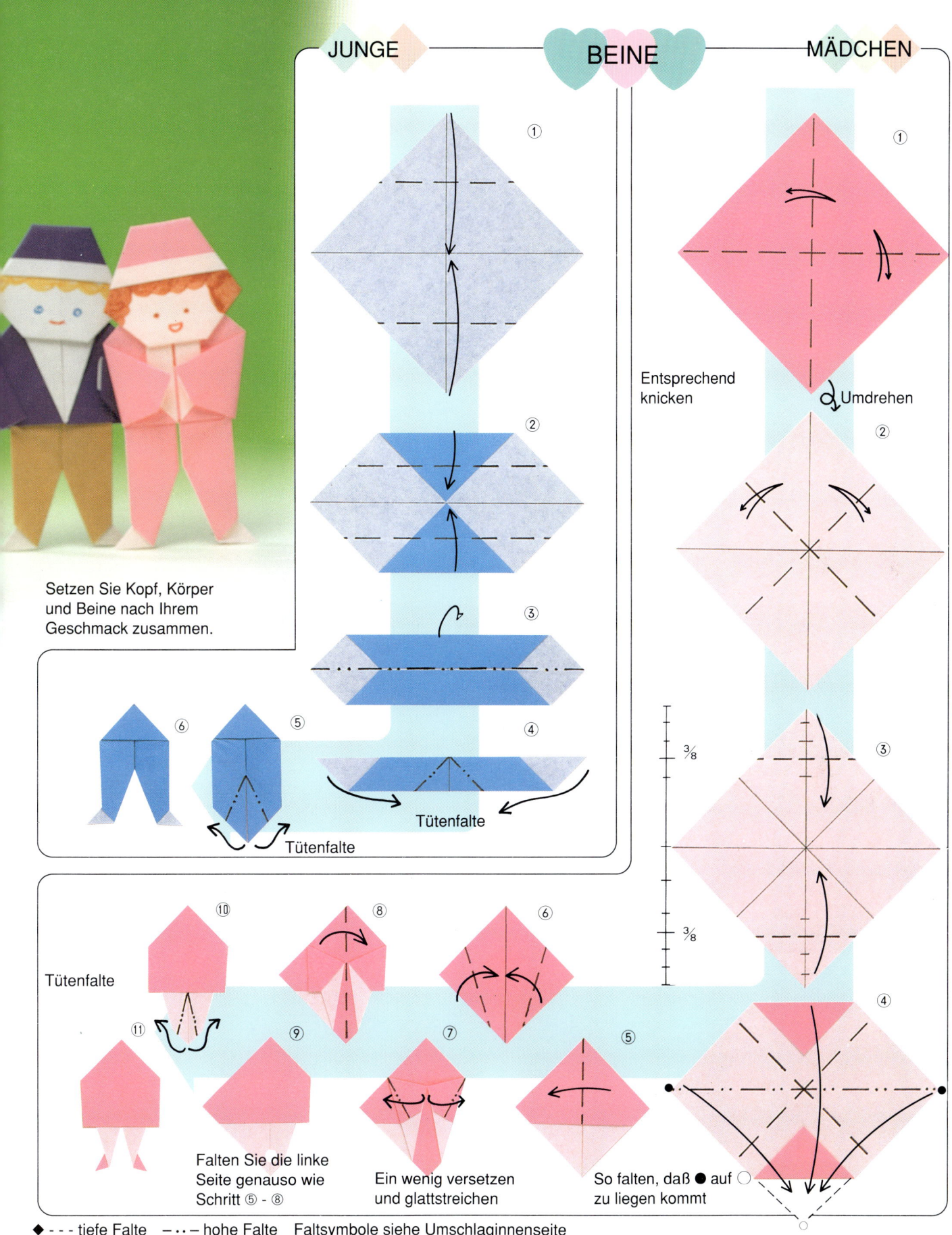

Setzen Sie Kopf, Körper
und Beine nach Ihrem
Geschmack zusammen.

Entsprechend
knicken

⟲ Umdrehen

Tütenfalte

Tütenfalte

Tütenfalte

Falten Sie die linke
Seite genauso wie
Schritt ⑤ - ⑧

Ein wenig versetzen
und glattstreichen

So falten, daß ● auf ○
zu liegen kommt

◆ - - - tiefe Falte   – - · – hohe Falte   Faltsymbole siehe Umschlaginnenseite

77

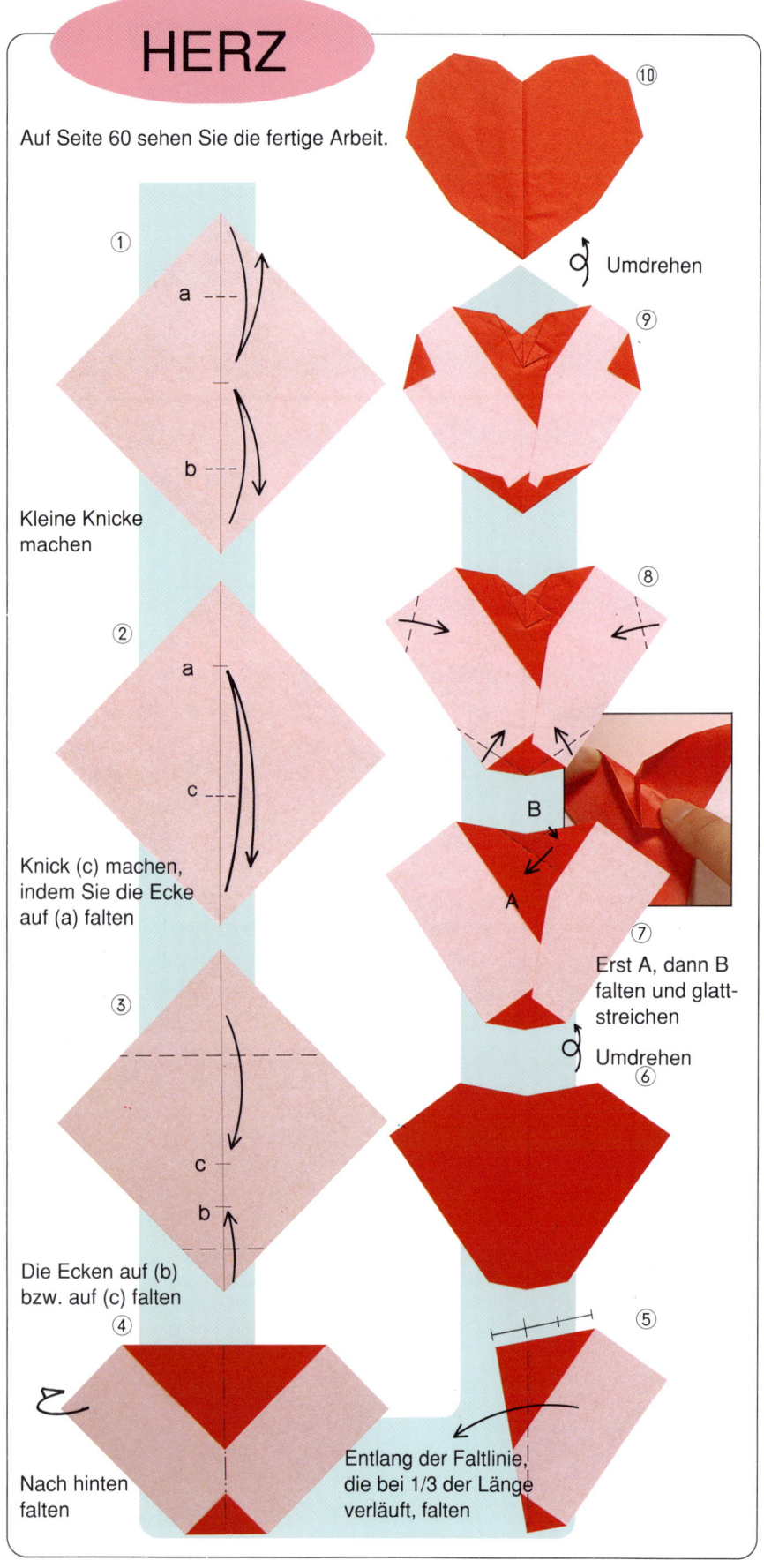

HERZ

Auf Seite 60 sehen Sie die fertige Arbeit.

⑩

♂ Umdrehen

①
a
b

Kleine Knicke machen

②
a
c

Knick (c) machen, indem Sie die Ecke auf (a) falten

③
c
b

Die Ecken auf (b) bzw. auf (c) falten

④
Nach hinten falten

⑤
Entlang der Faltlinie, die bei 1/3 der Länge verläuft, falten

⑥
♂ Umdrehen

⑦
Erst A, dann B falten und glatt-streichen

B

A

⑧

⑨

SO FERTIGEN SIE EIN FÜNFECK

①

②

③

④ (a) markieren
a

⑤ Bringen Sie Linie (b) zu Punkt (a)
a
b

⑥
Nach hinten falten

◆ - - - tiefe Falte   — - · — hohe Falte

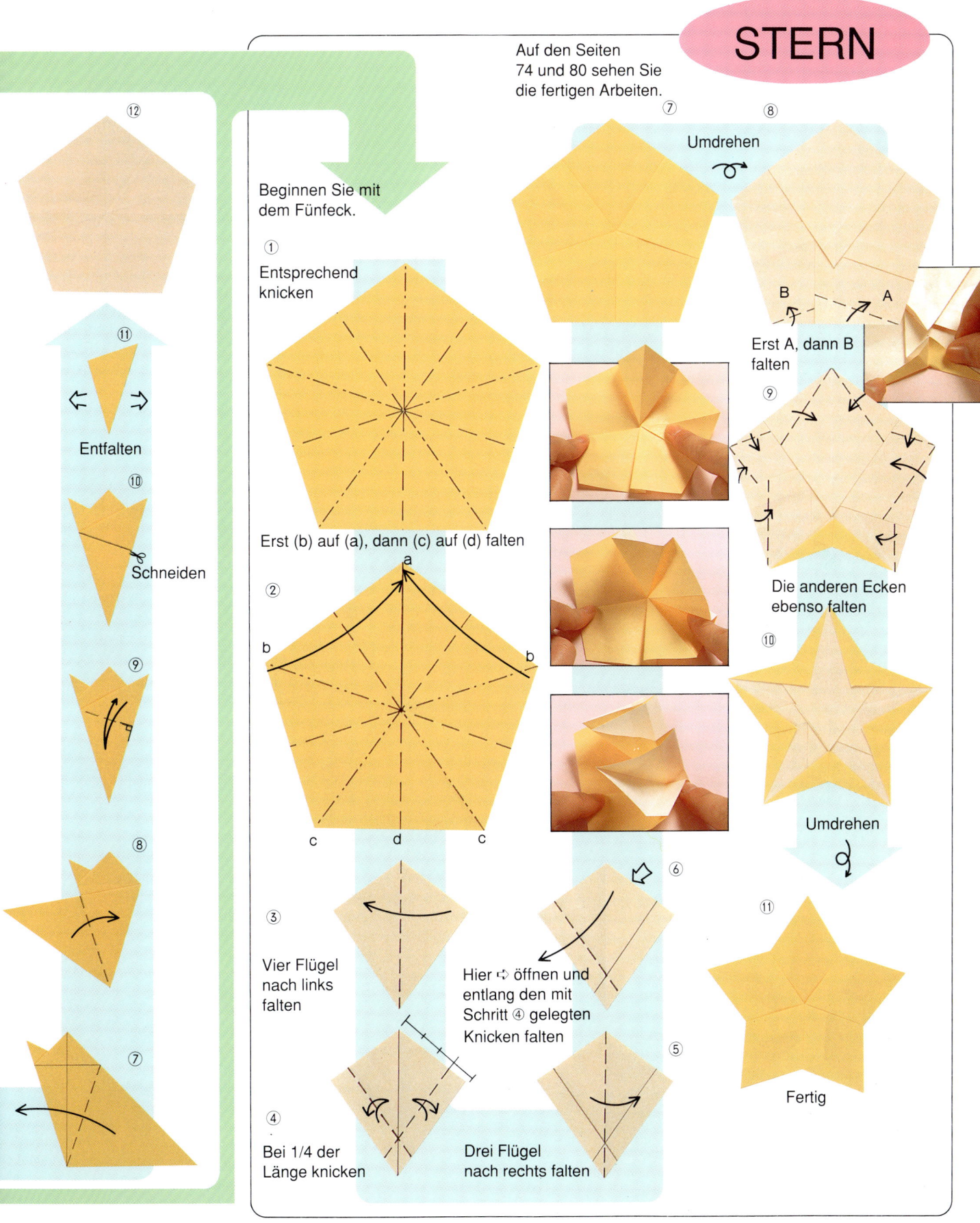

Auf den Seiten
74 und 80 sehen Sie
die fertigen Arbeiten.

STERN

Beginnen Sie mit
dem Fünfeck.

① Entsprechend
knicken

Erst (b) auf (a), dann (c) auf (d) falten

②

③ Vier Flügel
nach links
falten

④ Bei 1/4 der
Länge knicken

⑤ Drei Flügel
nach rechts falten

⑥ Hier ⇨ öffnen und
entlang den mit
Schritt ④ gelegten
Knicken falten

⑦

⑧ Umdrehen

Erst A, dann B
falten

⑨ Die anderen Ecken
ebenso falten

⑩

Umdrehen

⑪ Fertig

⑫

⑪ Entfalten

⑩ Schneiden

⑨

⑧

⑦

DEKORATIONEN

FÜR WEIHNACHTEN

FÜR GEBURTSTAGE

FÜR DAS STERNENFEST

Stern: Seite 79

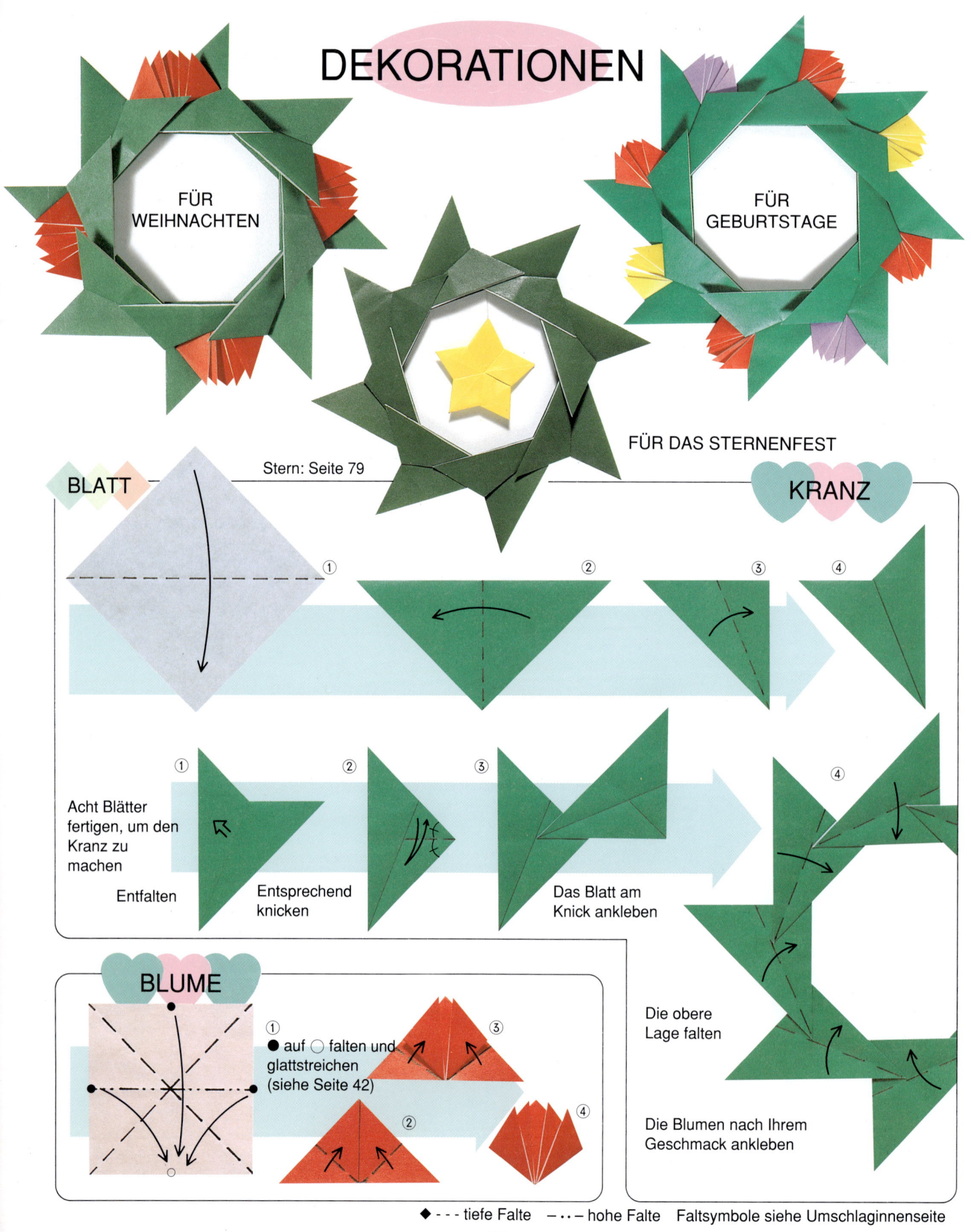

BLATT

① ② ③ ④

① ② ③ ④

Acht Blätter fertigen, um den Kranz zu machen

Entfalten

Entsprechend knicken

Das Blatt am Knick ankleben

KRANZ

Die obere Lage falten

Die Blumen nach Ihrem Geschmack ankleben

BLUME

① ● auf ○ falten und glattstreichen (siehe Seite 42)

②

③

④

◆ - - - tiefe Falte   – · – hohe Falte   Faltsymbole siehe Umschlaginnenseite